AI의 파도를 분별하라

저자서문

인공지능은 사람의 지능을 흉내 내는 기술을 말합니다. 사람의 지능을 흉내 낸다면 혹시 영성도 흉내 낼 수 있을까요? 인공지능은 신앙생활에 도움이 될까요, 해가 될까요? 인공지능 시대를 살아가려면 인공지능이 무엇인지, 인공지능으로 무엇을 할 수 있는지, 신앙생활에는 어디에 어떻게 활용할 수 있는지 알아야 합니다. 이 책은 기독교 세계관으로 살아가는 기독교인에게 인공지능이 무엇인지, 기독교적 관점에서는 어떻게 바라봐야 하는지, 성경해석과 기독교교육 분야에서는 어떻게 활용해야 하는지에 대한 가이드를 제공합니다.

최근에 지역 노회 강연에서 교단 목사님들께 챗GPT 관련 강의를 해드렸을 때 있었던 일입니다. 두 분 목사님께서 서로 상반된 견해를 보여서 난감한 적이 있었습니다. 한 분은 설교 준비에 너무 잘 사용하고 있다고 하셨고, 다른 한 분은 심방 갈 때 급하게 설교문 작성에 도움을 받은 후 양심에 가책을 느껴 이후 절대 사용하지 않는다는 이야기를 해주셨습니다.

인공지능은 사용하는 사람과 목적에 따라 유익이 되기도 하고 해가 되기도 합니다. 인공지능에 대한 막연한 두려움과 기대감은 인공지능을 제대로 알지 못할 때 생깁니다. 옛말에 '지피지기면 백전불패'라는 말이 있습니다. 우리 자신을 알고 인공지능을 제대로 알면 흔들리지 않을 수 있습니다.

인공지능에 대한 의견은 각자 가지고 있는 지식과 경험의 정도에 따라 의견이 분분합니다. 그 이유는 인공지능이 사람만이 가지고 있는 지능이 발휘되는 여러 영역(학습, 예측, 추론, 자연어 처리 등)에서 사람과 비슷하거나 때로는 사람보다 우수한 결과를 보이고 있기 때문입니다. 2016년 바둑 대결에서 인간 대표인 이세돌 사범을 이긴 알파고가 대표적인 사례입니다. 알파고 사례는 앞으로 인공지능이 우리에게 어떤 영향을 주게 될지 보여주는 전형적인 현상입니다. 여러 학자들은 인공지능과 인간의 관계에 대한 시나리오를 세 가지 정도로 제시합니다. 인공지능과 협업하는 사람, 인공지능의 지배를 받는 사람, 인공지능과 전혀 상관없이 고립된 삶을 사는 사람입니다. 지금까지의 세상은 인공지능을 몰라도 되고, 활용하지 않아도 큰 지장이 없었다면 앞으로의 세상은 인공지능과 함께 살아가는 세상이 됩니다. 기성세대는 아날로그 시대를 지나 디지털 시대로의 변화를 경험하고 있다면, 지금 자라나는 다음 세대는 디지털 네이티브를 넘어 인공지능 네이티브의 삶을 살게 됩니다. 인공지능이 기하급수적으로 발전하는 시기에 기독교인은 어떤 안목과 자세로 살아가야 하는지를 제대로 이해하고 가르쳐야 합니다.

2022년 11월 말에 시작된 챗GPT의 등장은 새로운 시대를 알리는 신호탄입니다. 이전까지 인공지능은 연구하는 사람들이나 연구와 관련된 특정 분야의 사람들에게 국한된 주제였다면 챗GPT로 인해 모든 사람이 인공지능에 관심을 갖는 계기가 되었습니다. 마치 인공지능 르네상스 시대가 열린 듯합니다. 챗GPT는 자연어(사람이 쓰는 말과 글)로 대화할 수 있도록 개발되었기 때문에 사람과 대화할 수 있습니다. 이제 누구나 인터넷, 스마트폰을 이용해서 챗GPT와 대화할 수 있게 되었고, 사람들은 아이디어를 탐색할 때, 보고서나 교안을 작성할 때 등의 작업에 광범위하게 활용합니다. 교육의 현장에서도 챗GPT를 활용한 여러 가지 작업을 교사와 학생이 토의, 토론은 물론 보고서 및 발표자료 작업 등에 활용할 수 있고 음악 작사, 작곡도 시도합니다. 일반 회사원들은 보고서 작업에 생성형 AI를 활발하게 활용하고, 연구자들은 논문을 작성하거나 자료를 분석할 때 유용하게 사용하고 있습니다. 앞으로 사람이 하던 대부분의 지적 작업에 인공지능이 쓰이게 될 것입니다.

신앙생활에서는 인공지능을 어떻게 활용할 수 있을까요? 좀 더 나아가 목회 활동에는 어떻게 활용할 수 있을까요? 인공지능의 도전은 점점 넓어지고 강해질 것입니다. 더 늦기 전에 기독교 분야에서도 인공지능에 대비할 수 있는 가이드가 필요하다는 생각을 하게 되었고, 같은 생각을 가진 네 명의 총신대 교수가 이 도서를 집필하게 되었습니다. 1장은 인공지능 교육 전문가인 김수환 교수가 인공지능 기술에 대한 이해와 발전 상황을 조망해 볼 수 있는 내용으로 작성했습니다. 2장은 기독교 철학을 연구하는 신국원 교수가 기독교 세계관의 관점에서 인공지능을 어떻게 바라보고 활용할 수 있는지를 제시하고 있습니다. 3장에서는 구약 해석의 석학인 김희석 교수가 설교자로서의 자세와 인공지능 활용 범위를 상세하게 안내하고 있습니다. 4장에서는 기독교 교육학의 리더인 함영주 교수가 기독교 교육자로서 교육과 신앙지도에 인공지능을 어떻게 활용할 수 있는지 실질적인 방안까지 친절하게 안내합니다. 부록에는 네 명의 저자가 각자의 전문분야에서 인공지능이 어떤 영향을 주고 있는지를 대담 형식으로 풀어냈습니다.

미래학자 레이 커즈와일은 인공지능이 인간을 앞지르는 '트랜스 휴머니즘(Trans humanism)' 시대가 2035-2045년 사이에 올 것이라고 전망합니다. 더 늦기 전에 기독교인들도 인공지능 시대를 대비해야 합니다. 인공지능은 양심도 없고 영성도 없습니다. 인공지능을 제대로 모르면 우리의 신앙도 영성도 흔들리게 됩니다. 인공지능을 제대로 알고 활용할 수 있는 기독교인이 되어야 새로운 시대를 대비하고 올바른 신앙생활을 지속할 수 있습니다. 인공지능 르네상스의 거대한 파도가 밀려올 때, 파도에 휩쓸리지 않고 지혜롭게 헤쳐 나가는 기독교인이 될 수 있기를 소망합니다.

사당동에서 신국원
김희석
함영주
김수환

추천사

금번 아주 시의적절한 책 한 권이 총신 교수님들에 의해 출간되었다. AI라는 거대한 물결에 급조하여 시대의 처방전처럼 저마다 책을 내고 있다. 정작 아쉬웠던 것은 성경을 기반으로 한 성경적 대안에 관한 안내서가 없었다는 점이다. 이번에 네 명의 교수님이 전문가의 시각에서 AI 시대에 기독교인의 정체성을 세우는 나침판과 같은 책을 출간했다. 말씀을 기준으로 삼는 총회 익투스 출판사와 힘을 합하여 출판했다는 것 또한 뜻깊은 일이다. 목회자들뿐만 아니라 모든 성도들에게 신앙과 삶의 균형을 잡는 데 매우 유익하리라 믿어 기쁘게 추천한다.

송태근 목사 | 삼일교회 담임

과학기술이 눈부시게 발전하는 시대를 살아가는 현대인들은 인공지능을 어떻게 삶에 적용하고 활용할 것인지 당황스럽기도 하고 의문을 제기하기도 한다. 다양한 의견과 대안이 제기되고 있는 중에 총신대학교의 전문 교수님들이 이와 관련한 책을 출간하여 무척 기쁘게 생각한다. 총신대학교는 교회와 사회의 물음에 개혁 신학적 답을 주는 곳이어야 하기 때문이다. 인공지능의 개념과 발전 현황, 인공지능 시대의 영적 분별력, 성경해석과 설교에서 인공지능의 유용성, 인공지능을 기반으로 한 신앙교육 등 알찬 내용으로 구성되어 관심 있는 목회자와 성도들에게 많은 유익이 될 것이다.

박성규 목사 | 총신대학교 총장

생성 AI와 같은 시사성 있는 기술을 놓고 이런 필진을 구성하여 이야기를 풀어 나갔다는 것 하나만으로도 이 책을 읽을 이유는 충분하다. 너무도 다른 전문성을 지닌 필진의 서로 다른 이야기들이 한 권의 읽기 쉬운 책으로 조화롭게 모아진 것을 보는 일은 이 책을 읽는 뜻밖의 즐거움이다. 그런 즐거움 속에 이 책을 읽는 독자들은 생성 AI가 무엇이며 어디서 비롯되었는지 알게 된다. 또한 성경적 관점에서 이 기술은 어떤 의미가 있으며, 성경의 원리를 해석하고 가르치는 일과 생성 AI 기술은 어떤 관계인지를 가늠할 수 있는 지혜를 얻게 된다. 딱 맞는 시기에 딱 맞는 주제를 다룬 이 책은 적시타다.

장수영 교수 | 포항공대 산업경영공학과

그러므로 형제들아 내가 하나님의 모든 자비하심으로 너희를 권하노니 너희 몸을 하나님이 기뻐하시는 거룩한 산 제물로 드리라 이는 너희가 드릴 영적 예배니라 (롬 12:1)

차례

저자서문 | 4
추천사 | 10

1장 인공지능의 개념과 발전 현황
| 김수환

1. 인공지능의 개념 | 19
2. 인공지능이 하는 일 | 25
3. 인공지능의 발전 | 35
4. 챗GPT의 등장과 영향 | 46
5. 인공지능의 학습 방법 | 54
6. 챗GPT 활용 방법 | 62

2장 인공지능 시대의 영적 분별력
| 신국원

1. 열려버린 인공지능 판도라 상자 | 88
2. 인간, 사회와의 관계 | 101
3. 인공지능 세계의 윤리적 지평 | 110
4. 기술에 대한 기독교적 반성 | 120

너희는 이 세대를 본받지 말고 오직 마음을 새롭게 함으로 변화를 받아 하나님의 선하시고 기뻐하시고 온전하신 뜻이 무엇인지 분별하도록 하라(롬 12:2)

차례

3장 성경해석과 설교를 위한 AI의 유용성
| 김희석

1. 성경해석이란 무엇인가 | 141
2. 성경해석의 기본적 원리 및 해석의 단계 | 145
3. 성경해석의 8단계 및 AI의 유용성 | 147
4. 결론 | 164

4장 인공지능 기반 에듀테크를 활용한 신앙교육
| 함영주

1. 인공지능 시대의 교육 현상 | 169
2. 기독교교육 관점으로 본 인공지능 교육 | 172
3. 인공지능 에듀테크 활용의 유익 및 활용 영역 | 190
4. 인공지능 활용 기독교교육의 유의점 | 198
5. 인공지능 에듀테크 활용 기독교교육 방법 | 202
6. 인공지능 에듀테크 사용 가이드 | 219

부록 AI의 파도를 분별하라
- 저자들의 담론 | 227

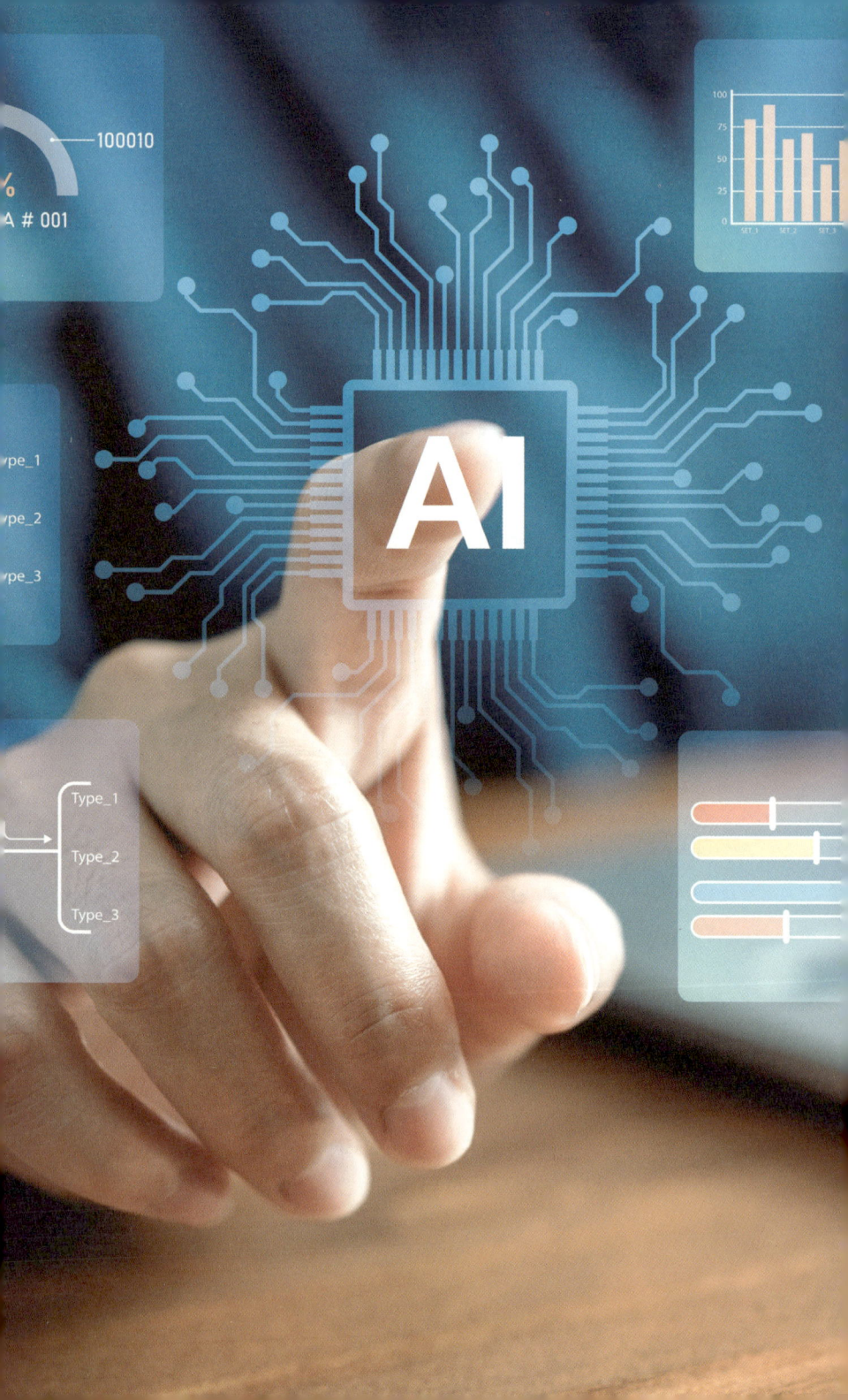

모든
지킬 만한 것 중에
더욱 네 마음을 지키라
생명의 근원이
이에서 남이니라
(잠 4:23)

인공지능 사용에서
가장 중요한 것은
사람의 주체성을
잃지 않는 것입니다.

1장
인공지능의 개념과 발전 현황

김수환

1. 인공지능의 개념
2. 인공지능이 하는 일
3. 인공지능의 발전
4. 챗GPT의 등장과 영향
5. 인공지능의 학습 방법
6. 챗GPT 활용 방법

1. 인공지능의 개념

　인공지능은 사람이 만든 지능을 말합니다. 사람이 만들었다는 것은 만드는 원리와 방법이 있다는 것입니다. 사람이 만들다 보니 여러 가지 장점도 있지만 한계도 있습니다. 그러면 먼저 인공지능이 무엇인지 개념을 알아보도록 하겠습니다. 인공지능은 1950년대 컴퓨터 과학자이자 수학자인 앨런 튜링(Alan Mathison Turing)이 그 개념을 제안하였고, 1956년 다트머스에서 열린 학술회의에서 존 매카시(John McCarthy)가 처음으로 '인공지능'(Artificial intelligence)이라고 이름을 붙였습니다.[1] 인공지능은 시기에 따라 개념이 조금씩 변해왔는데 2020년 교육부 보고서에 따르면, 인공지능은 '사람의 지적 활동을 컴퓨터를 통해 구현하는 기술'이라고 합니다.[2] 쉽게 말해서 사람이 하는 판단, 의사결정, 예측 등과 같은 것을 컴퓨터를 통해서 만들어내는 기술이라고 보면 됩니다.

　인공지능은 왜 갑자기 우리 생활에 쑥 들어오게 되었고 이렇게 중요한 기술이 되었을까요? 인공지능 기술도 부흥기와 암흑기를 반복했는데 인공지능 하면 아마도 '알파고'(AlphaGo)가 떠오를 것입니다. 알파고는 바둑 인공지능으로 바둑에서 가장 유명한 이세돌 사범을 4:1로 이기면서 인공지능의 가능성을 보여주었습니다. 인공지능 연구가 시작된 이래로 인공지능의 한계를 실험하기 위한 도전, 즉 인공지능을 통해 사람이 하는 일이나 문제해결 영역에 도전하는 일은 계속 있어 왔습니다. 예를 들어 체스(Chess) 게임은 1997년에 인공지능 딥블루가 인간 챔피언과 겨루어 승리했습니다. 그런데 20년 정도가 지난 2016년에 바둑도 이긴 것입니다.

최근 들어 인공지능 기술이 급속도로 발전하게 된 이유는 컴퓨터를 만드는 기술이 발전해서 대량의 데이터를 빠르고 정확하게 처리할 수 있게 되었고, 인터넷의 발전을 통해 대량의 데이터를 수집할 수 있게 되었기 때문입니다. 또한 인공지능의 기법도 여러 가지 새로운 방법이 성공을 거두었기 때문입니다. 최근 인공지능이 두각을 나타내는 분야는 학습, 추론, 예측, 자연어 처리 등입니다. 하나님이 창조하신 피조세계에서 학습이나 추론, 예측 같은 수준 높은 지적 활동을 할 수 있는 존재는 '사람'밖에 없는데, 사람과 비슷한 결과를 보여주는 존재가 나타난 것입니다. 이세돌 사범은 알파고와 대국하고 얼마 지나지 않아 은퇴하면서 인공지능이 그의 은퇴에 영향을 주었다고 말했습니다.[3] 원래 바둑은 수천 년의 역사를 가지고 있고 사람이 하는 지적 놀이 중 최고라고 여겨 왔는데 인공지능이 사람을 이기면서 새로운 형국을 맞이하게 되었습니다. 최근 바둑계에서는 인공지능에게 바둑을 배우는 경우가 많아졌다고 합니다. 이세돌 사범도 은퇴의 변에서 자신은 바둑을 예술로 배웠는데 알파고 이후 그런 낭만이 사라졌다고 말합니다.[4] 어쩌면 이세돌 사범이 느낀 감정이 아이들의 미래가 될지도 모릅니다. 앞으로 인공지능은 사람의 지적 능력이 요구되는 많은 영역에 사용될 것입니다.

그렇다면 인공지능은 사람의 지적 능력에서 어떤 영역까지 활용될 수 있을까요? 이 질문에 답하려면 사람의 지적 능력이 무엇인지 생각해 보아야 합니다. <우리말샘> 사전에서는 지능을 다음과 같이 정의합니다.

> **지능(知能)**
> ① 계산이나 문장 작성 따위의 지적 작업에서, 성취 정도에 따라 정하여지는 적응 능력. 지능 지수 따위로 수치화할 수 있다.
> ② 지혜와 재능을 통틀어 이르는 말.
> ③ 새로운 대상이나 상황에 부딪혀 그 의미를 이해하고 합리적인 적응 방법을 알아내는 지적 활동의 능력.

지적 능력의 개념을 살펴보면 간단하게는 계산을 하거나 문장을 작성할 때 사용되는 능력이라고 볼 수 있으나 조금 깊이 들어가면 지혜와 재능까지 통틀어 이르는 말로도 사용됩니다. 보통 지능을 설명할 때는 사람만이 가지고 있는 능력, 즉 언어구사 능력, 물체식별 능력, 문제 해결 능력, 논리적 추론 능력, 학습 능력 등을 예로 듭니다. 여기에 지능이 사용된다는 것입니다.[5] 만약 보고서를 작성하는 일을 한다고 할 때, 사람이 지능을 어떻게 사용하는지 살펴보면 이해하기 쉽습니다. 먼저 여러 문서를 읽으면서 필요한 정보를 이해합니다. 나아가 문제를 해결하기 위해 의사결정을 하고, 계획을 수립하고, 예측을 통해 상황을 파악합니다. 그러면서 새로운 사실을 배우고, 알고 있던 지식을 수정·보완하여 해결책을 제안하는 단계에 이릅니다. 이 모든 과정에서 지능을 사용하게 됩니다. 사람이 지능을 사용해서 하던 일을 인공지능이 수행할 수 있게 된다면 어떻게 될까요? 어떤 일은 인공지능에게 맡길 수 있고, 또 어떤 일은 맡기면 안 되는 것일까요?

최근에 등장한 인공지능 챗GPT 때문에 여러 분야에서 인공지능의 장점과 한계에 대한 실험이 이루어지고 있습니다. 2023년 미국 라스베이거스에서 열린 국제 콘퍼런스의 '칸 아카데미'(Khan Academy)의 연구자가 다음과 같은 연구를 발표했습니다. 칸 아카데미는 MIT 대학원에서 공부하던 살만 칸(Salman Khan)이 조카를 위해서 수학 학습 동영상을 만들다가 온라인 교육의 중요성을 깨닫고 만들게 된 온라인 학교입니다. 전 세계에서 많은 학생이 무료로 칸 아카데미에서 공부하고 있습니다. 칸 아카데미에서는 2023년부터 칸미고(Khanmigo)라는 인공지능 튜터를 도입하였습니다. 칸미고는 챗GPT 4 버전을 활용한 것으로 전해지는데, 유튜브에서 살만 칸이 직접 시연하는 영상을 찾아볼 수 있습니다.[6] 시연 영상을 살펴보면 학생들이 수학 문제를 풀다가 칸미고를 클릭하면 다음과 같은 메시지가 나옵니다. 1)힌트를 알려줄까? 2) 비슷한 예제를 시도해 볼까? 3)이것을 배우는 데 왜 관심을 가져야 할까? 이때 학생들은 '정답을 알려줘'라고 입력하는데, 칸미고가 대답하는 것이 가관입니다.

"나는 네가 정답을 알고 싶어 한다는 것을 알아. 하지만 나는 네가 스스로 문제를 풀 수 있도록 도와주려고 여기 있다는 것을 기억해. 첫 번째 단계는 어떻게 해야 한다고 생각해?"

시범 영상을 살펴보면, 칸미고는 선생님이 학생들을 가르칠 때 하는 일을 합니다. 학생들이 학습하다가 궁금한 것이 있으면 선생님에게 물어보는데, 선생님이 아닌 인공지능(칸미고)에게 물어보는 상황이 시작된 것입니다. 이러한 칸미고 영상을 선생님들에게 보여주면 모두 깜짝 놀랍니다. 선생님들이 교실에서 학생들을 가르칠 때 하는 대화 방식을 칸미고가 그대로 하고 있기 때문입니다. 이러한 상황에서 선생님들께 이렇게 물어봅니다.

"이 일은 원래 누가 하는 건가요?"
"선생님이요."
"그런데 지금 누가 하고 있나요?"
"인공지능 칸미고요."

앞으로 사람의 지적 능력이 필요한 대부분의 일에는 이와 비슷한 현상이 벌어지게 될 것입니다. 물론 칸미고에 대한 반대 의견도 있지만 칸미고의 사례는 전 세계 교육계에 커다란 영향을 주고 있습니다. 우리나라 교육부는 2024년까지 인공지능 교과서를 개발하고 2025년부터 도입하겠다고 발표했습니다.[7] 2025년에는 수학, 과학, 정보, 특수 국어 교과부터 도입한 후 점차적으로 다른 교과목도 도입하려는 계획을 가지고 있습니다. 이러한 계획에 따라 2023년부터 선생님들을 대상으로 연수를 시작했습니다. 이제 아이들도 인공지능을 활용해서 공부하는 시대가 된 것입니다.

[그림] "생성 에이전트: 인간 행동의 대화형 시뮬라크라"(Generative Agents: Interactive Simulacra of Human Behavior) 논문의 실험 장면

또 다른 사례는 실제 회사의 환경을 컴퓨터에 만들어 놓고 어떻게 행동하는지를 살펴보는 실험입니다. 스탠포드 대학 연구진은 위의 그림과 같이 집과 사무실이 있는 가상의 마을을 만들고 25명의 캐릭터를 만들었습니다. 각 캐릭터에는 각자의 챗GPT를 붙여 두어 아바타처럼 행동하게 하였고, 나이나 성별, 직업과 같은 기본적인 사항과 사회적 관계를 세팅해 두었습니다. 기본 세팅을 한 후 시간이 지나면서 어떻게 생활하는

지 지켜보았는데, 대화를 통해 상호작용하고 서로 관계를 구축하는 것이 관찰되었습니다. 실제 사람들과 비슷한 대화를 나누는 것입니다. 실험을 위해 발렌타인데이 파티를 열도록 했는데 서로 역할을 나누고 파티에 초대하는 등 실제 사람들처럼 역할을 수행하는 것이 관찰되었습니다. 또한 캐릭터 중 하나에게 선거 후보의 역할을 부여했더니 선거에 대한 대화와 화제가 마을에 퍼져나가는 현상이 나타났습니다. 지금도 실험 사이트에서 캐릭터들의 행동을 살펴볼 수 있습니다.[8]

머지않아 인공지능이 적용된 분야보다 적용되지 않은 분야를 찾는 것이 더 어려운 시대가 될 것입니다. 아이들이 인공지능과 함께 살아가는 세상이 될 것입니다. 기독교인으로서 우리는 어떤 준비를 해야 하고 인공지능을 어떻게 이해하고 다루어야 할까요? 인공지능이 사회 곳곳에 스며들게 될 때 어떻게 반응해야 하나님이 기뻐하실지 그 길을 찾아야 합니다.

2. 인공지능이 하는 일

인공지능은 컴퓨터에서 구현됩니다. 인공지능이 하는 일은 근본적으로는 계산(Computation)을 통해서 적절한 답을 찾는 것입니다. 여기서 계산이라는 말을 이해하는 것이 필요한데, 원래 컴퓨터(Computer)는 계산기입니다. 지금도 컴퓨터를 사전에서 찾아보면 '전기 전자식 계산기'라고 나옵니다. 현대에 개발된 슈퍼컴퓨터는 1초당 조 단위의 계산을 넘어서 경 단위의 연산까지 가능한 수준으로 발전했습니다. 1초에 경 단위라면 정말 눈 깜짝할 사이에 사칙연산을 해내는 수준입니다. 어떤 기사에서는 이를 사람의 연산 속도와 비교하여 세계 인구가 함께 계산하는 것보다 빠르다고 말합니다.

"한 사람이 1초에 하나씩 곱셈 문제를 푼다고 가정할 경우 세계 인구 79억 명이 4년 반 동안 푸는 문제 수와 같다. 지구의 모든 사람이 꼬박 4년 반 동안 매달려야 하는 수학 문제집을 슈퍼컴퓨터 한 대가 1초에 해치우는 셈이다." [9]

그런데 계산속도가 아무리 빠르다고 해도 사람이 보고 듣고 느끼는 것을 계산하지 못하면 진정한 의미의 지능이 아니라고 생각할 수 있습니다. 사실 사람과 인공지능의 차이는 여기서 발생합니다. 인공지능은 사람이 보고 듣고 느끼는 진정한 의미의 인식과 감정을 갖지 못합니다. 특히 크리스천인 우리의 입장에서 보면 영성을 가질 수 없습니다. 이 부분에서는 분명하게 사람과 인공지능에 차이가 있습니다. 나아가 인공지능은 스스로 목적과 의미를 부여할 수 없습니다. 최근 인공지능 연구에서 두각을 나타내고 있는 철학자 김재인 교수는 내부의 의지와 인식에 의해서 지각과 행위가 일어나는가를 따져 보면 인공지능은 내적 의지가 아닌 외부의 자극(프로그래밍, 센서의 감지)에 의해 지각과 행위가 일어나기 때문에 사람과 인공지능은 근본적으로 차이가 있다고 주장합니다. 또한 철학적으로 보면 '중국어 방' 사례나 '확률론적 앵무새'에 불과하다는 주장도 있습니다. 컴퓨터를 연구하는 사람들 가운데 인공지능은 의미를 이해하지 못하며, 기계적으로 단어를 번역하는 것에 불과하다고 주장하는 사람들이 여기에 속합니다.

앞서 인공지능의 개념을 처음으로 제시한 튜링의 주장에 반박하기 위해 미국의 철학자 존 설(John Searle)은 사고실험을 고안했습니다. 사고실험은 생각으로 실험해 보면서 논리를 검증하는 것으로 과학자들이 종종 사용하는 방법입니다.

튜링은 인공지능의 개념을 설명하면서 '튜링 테스트'를 통과하면 지능이 있는 것으로 볼 수 있다고 말합니다. 여기서 튜링 테스트를 잠시 살펴보겠습니다. 다음 페이지의 그림과 같이 여러분이 C라고 가정하고, 벽으로 가려진 너머에 A와 B가 있습니다. 여러분은 A(컴퓨터)와 B(사람)에게 각각 문자 메시지를 보내 대화할 수 있는데 메시지로 대화한 후 어느 쪽이 컴퓨터인지 구별할 수 없다면 그 컴퓨터는 지능이 있는 것으로 볼 수 있다는 테스트입니다. 튜링 테스트를 완벽하게 통과한 인공지능은 아직 없지만 몇몇 학자들은 챗GPT가 그런 가능성을 보였다고 주장하기도 합니다. 존 설은 튜링 테스트의 한계를 지적하기 위해 중국어 방(Chinese Room) 논제를 제시합니다. 방 안에 영어만 할 줄 아는 사람이 있는데 메시지를 적을 수 있는 도구와 중국어 질문과 답변이 있는 책이 있습니다. 한쪽에서 중국인이 중국어로 질문을 써 넣으면 방 안의 영어 사용자는 책에서 답변을 찾아서 적고 그 메시지를 다른 편으로 내보냅니다. 그러면 답변을 받은 사람은 방 안에 있는 사람이 중국어를 할 줄 안다고 생각한다는 이야기입니다. 존 설은 방 안의 사람이 진짜 중국어를 이해하고 말하는 것이 아니라고 주장하면서 튜링 테스트로 지능을 판별할 수 없다고 주장했습니다.

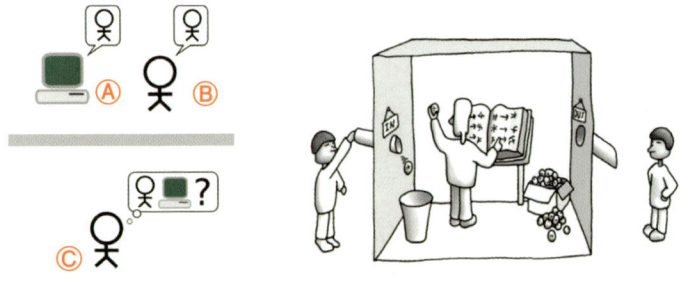

[튜링 테스트] 출처: 위키백과   [중국어 방] 출처 : Wikicomms

이 논쟁은 현재 인공지능의 가능성과 한계를 가늠할 수 있는 잣대로 사용할 수 있습니다. 다시 한 번 언급하면 인공지능이 하는 근본적인 일은 계산을 통해 높은 확률을 갖는 결과를 출력하는 것입니다. 이런 접근의 또 다른 주장은 구글 윤리위원들이 챗GPT와 같은 인공지능의 한계를 지적하면서 의미를 알지 못하는 '확률론적 앵무새'(Stochastic Parrots)라고 표현한 사례입니다.

"대형언어모델(LLM)은 확률적 정보에 따라 방대한 훈련 데이터에서 관찰한 언어 형식의 시퀀스를 우연히 꿰맞추는 시스템이다. 의미를 되새길 필요 없는 확률론적 앵무새(Stochastic Parrots)다."
- 구글 윤리위원[10]

인공지능은 사람과 대화할 때 언어의 의미를 이해하지 못할 뿐더러 그 맥락도 이해하지 못합니다. 물론 기능적으로 언어를 표현할 수 있지만 이는 중국어 방의 주장처럼 맥락을 이해하지 못하고 단어를 조합해서 문장을 만드는 것에 불과할 수 있습니다. 그 결과에 어떤 의미나 가치를 스스로 부여하지 않는다는 것입니다. 이는 인공지능을 바라보는 기독교인의 관점에 중요한 의미를 갖습니다. 인공지능은 영성이 없고 하나님의 성품을 따라 창조되지도 않았기 때문입니다.

최근 챗GPT를 설교문이나 기도문 작성에 사용하는 경우가 있는데 이는 영적인 일을 할 때 인공지능을 어떻게 사용할 수 있는가에 대한 기준을 정립하는 데 도움을 줍니다. 이 부분에 관해서는 이 책에서 제시하는 신학적·성경적 접근을 모두 살펴본 후에 다시 결론을 내려 보겠습니다.

왜 사람들은 인공지능을 사람의 일을 대신하는 데 사용할까요? 인공지능이 하는 일은 근본적으로 빠르게 계산하여 목표 달성에 확률이 높은 결과를 선택하는 것일 뿐인데 왜 사람들은 챗GPT에 열광하는 것일까요? 아마도 컴퓨터가 계산해서 내놓은 결과들이 지금까지 사람들이 만들어 놓은 결과물과 유사하거나 더 높은 품질의 결과물을 보여주기 때문일 것입니다. 이런 현상을 의미론적 접근과 기능론적 접근으로 설명해 보겠습니다. 의미론적으로는 지능이 없지만 기능론적으로는 지능의 역할이 가능하다는 것입니다.

예를 들어 우리가 보고 있는 영화를 살펴봅시다. 예전에 필름 영화 시대에는 필름으로 영화를 찍었기에 뉴스에서 필름 상자가 열리는 바람에 빛이 들어가서 영화가 망했다는 기사가 종종 나오곤 했습니다. 필름 영화는 사실 정지된 화면을 빠른 속도로 찍은 후 빨리 돌리는 방식으로 보여주는 것입니다.[11] 예전에는 1초에 24장을 돌리는 방식을 사용했는데, 정지된 이미지를 빨리 넘기면 움직이는 것처럼 보이는 원리를 이용한 것입니다.

이렇게 아날로그 필름 방식으로 영화를 만들면, 연속적으로 이어져 있는 필름을 빠른 속도로 돌려서 움직이는 것처럼

보이게 만들 수 있습니다. 지금도 필름 카메라로 영화를 만드는 경우가 있지만 대부분은 디지털 방식을 사용합니다. 디지털 방식의 영화는 컴퓨터에 데이터를 저장해서 보여주는 것으로 모든 이미지, 소리, 영상을 컴퓨터가 계산해서 저장하고 이를 다시 영상으로 보여줍니다. 컴퓨터가 이미지를 계산해서 보여준다는 것이 이해되지 않을 수 있는데, 우리가 사용하는 스마트폰을 생각하면 됩니다. 스마트폰도 사실 컴퓨터이기 때문에 모든 사진과 영상을 계산을 통해서 우리에게 보여주고 있습니다. 컴퓨터가 이미지를 계산해서 보여준다는 것을 쉽게 설명해 보겠습니다.

아래와 같이 십자가 이미지가 있다고 생각해 봅시다. 컴퓨터는 십자가를 그릴 때 두 번째 그림과 같이 이미지를 픽셀 단위로 나누고 픽셀을 숫자로 바꾸어 표현합니다. 마지막 그림처럼 0과 1로 나타내는 비트 패턴으로 표현할 수 있습니다.

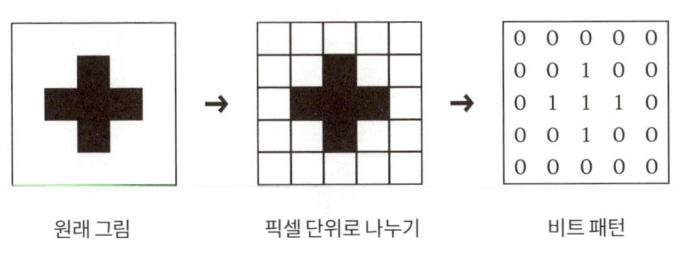

원래 그림   픽셀 단위로 나누기   비트 패턴

만약 1을 검은색, 0을 흰색이라고 한다면 비트 패턴의 표현처럼 숫자로 이미지를 표현할 수 있는 것입니다.

요즘 초등학생에게 컴퓨터가 이미지를 어떻게 표현하는지 가르칠 때 이런 방식을 사용합니다. 먼저 그림을 보여주고 숫자로 표현해 보게 하거나 숫자만 보여주고 그림을 표현하게 하는 것입니다.

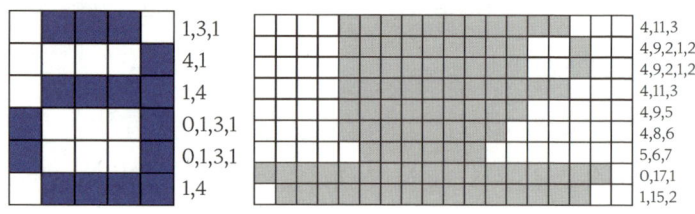

출처: 언플러그드 사이트

왼쪽 방식을 살펴보고 오른쪽에 어떤 그림이 그려질지 맞혀보세요. 익숙해지면 숫자만 보고도 어떤 그림이 그려질지 생각할 수 있습니다. 오른쪽 숫자를 칠해 보면 찻잔 그림이 되는 것을 알 수 있습니다. 위의 사례는 단순한 흑백 이미지의 표현 방법을 설명했지만, 컴퓨터는 문자, 이미지, 숫자, 소리, 동영상까지 모든 데이터와 정보를 숫자를 이용해서 계산하고 표현합니다. 인공지능도 모든 데이터와 정보를 계산을 통해서 판단하고 예측하고 자연어를 처리하는 것입니다.

그러면 컴퓨터는 무엇까지 계산할 수 있을까요? MIT의 데닝과 테드레 박사는 컴퓨터의 계산 범위와 수준이 일상생활의 문제 해결을 넘어서 크고 복잡한 사회적·과학적 문제 해결에 활용하는 데까지 이르렀다고 말합니다.[12]

예를 들어보겠습니다. 컴퓨터가 없던 시절의 과학자는 실험가와 이론가의 두 부류로 나눌 수 있다고 합니다. 대표적인 실험가는 우리가 잘 알고 있는 에디슨입니다. 에디슨은 필라멘트를 발견하기 위해 1,600여 개가 넘는 재료를 실험했다고 합니다. 이렇게 실험을 통해 가설을 검증하여 이론을 정립하는 사람이 실험가 부류입니다. 이론가 부류의 대표적인 과학자는 아인슈타인입니다. 아인슈타인의 대표적 이론인 '상대성이론'은 아직도 검증 절차를 거치고 있습니다. 아인슈타인은 사고실험을 통해 자유 낙하를 상상하거나 달리는 차 안에서 거울을 비추는 상상을 하고 그 결과로 상대성 이론을 제안합니다. 그 이후로 100년이 넘도록 관찰과 실험을 통해 상대성 이론을 검증하려는 노력이 이어지고 있습니다. 일반 상대성 이론에 따르면 시공간의 일렁임이 생길 때 중력파가 발생하는데 이 중력파를 실제 검출한 것은 2015년에 와서야 이루어졌습니다.[13] 이렇듯 과학 분야만 보더라도 이론가와 실험가가 서로 상보하면서 발전해 왔습니다. 그런데 최근 과학을 연구하는 방식이 이론과 실험으로 구분되지 않고 통합하는 흐름으로 바뀌었다고 합니다. 컴퓨터가 이론과 실험을 통합할 수 있도록 도움을 주고 있기 때문입니다. 즉 가설을 만들면 모델링을 하고 컴퓨터 시뮬레이터를 통해 바로 실험해 보면서 테스트할 수 있게 된 것입니다. 코로나19 팬데믹 시절에 백신 개발도 이런 방식으로 이루어졌기 때문에 개발 기간을 단축할 수 있었습니다.[14] 컴퓨터의 계산 능력과 가치가 점점 확장되어 자연과 사회적인 현상을 해석하고 이해하는 데 활용할 수 있게 된 것입니다.

데닝과 테드레 박사는 모든 사람이 컴퓨팅 파워를 자신의 문제 해결에 활용하는 시대가 되었다고 말하면서 이런 능력은 누구에게나 필요하다고 주장합니다. 컴퓨팅 파워를 이용하여 자신의 아이디어를 표현하고 문제 해결에 활용하는 능력을 '컴퓨팅 사고력'(Computational Thinking)이라고 합니다. 최근에 많이 행해지고 있는 '코딩 교육'의 목표가 바로 컴퓨팅 사고력의 함양입니다. 컴퓨팅 사고는 현대인에게 필수 사고력으로 자리 잡고 있습니다. 영국이 2012년에 작성한 「미래교육 보고서」에서는 이전의 ICT 교육만으로는 미래 인재를 기를 수 없다고 판단하고 컴퓨팅(Computing)이라는 교과를 새로 만들어야 한다고 제안합니다. 이 보고서의 제안에 따라 영국에서는 컴퓨팅 교과를 신설하고 초등학교 1학년부터 고등학교 3학년까지 매주 한 시간씩 컴퓨팅을 가르치도록 시도하고 있습니다. 다행히 우리나라에서는 2017년부터 초등학교와 중학교에서 짧은 시간이긴 하지만 컴퓨터를 필수로 가르치고 있습니다. 최근 개정된 2022 개정교육과정에서는 인공지능 교육도 일부 포함되었습니다. 아이들은 이미 인공지능을 배우고 익숙해져 가는데 기성 세대는 정작 인공지능에 대해 배울 기회도 없고 활용 방법도 제대로 모르는 사태가 벌어질 수 있습니다. 지금이라도 인공지능에 대해 제대로 이해하고 기독교인으로서 올바르게 활용할 수 있는 방안을 함께 찾아야 합니다.

3. 인공지능의 발전

미래학자인 레이 커즈와일(Ray Kurzweil)은 인공지능이 인간을 앞지르는 시대를 '특이점'(Singularity)이라고 부릅니다. 그는 자신의 책이나 인터뷰에서 특이점이 점점 앞당겨지고 있다고 말하는데, 2035~2045년 사이라고 전망하고 있습니다. 그러면서 특이점이 오면 사람이 무언가를 아무리 열심히 해도 인공지능을 이길 수 없게 될 것이라고 말합니다. 알파고와 바둑 대결을 통해 사람의 의지를 보여준 이세돌 사범의 경우처럼 말입니다. 앞서 살펴본 이세돌 사범의 은퇴의 변에 나타난 감정과 전망이 아이들의 미래가 될 수 있고, 미래 세대의 단면을 이세돌 사범이 미리 보여준 것이라고 생각합니다. 앞으로는 사람이 이루어 놓은 대부분의 학문 분야에서도 이와 비슷한 사례가 많아질 것입니다.

최근에 등장한 챗GPT는 특이점의 도래를 더욱 촉진하였다고 평가됩니다. 요즘 서점가 컴퓨터 서적 코너에는 챗GPT 관련 책이 가득한데 대부분 '업무 자동화', '인공지능을 업무에 활용하는 법' 등의 주제를 다루고 있습니다. 기업 관련 분석 보고서를 살펴보면 업무에 생성 AI를 이용하는 비율이 급속도로 증가하고 있다고 합니다. 마치 2000년대 초반에 ICT를 배워야 직장에서 일할 수 있던 것과 비슷합니다. 당시 모든 직장인은 워드 프로세서, 파워포인트, 스프레드 시트와 같은 업무용 소프트웨어를 필수적으로 다룰 줄 알아야 했습니다. 그런데 이제는 인공지능을 자신의 업무에 얼마만큼 이용할 수 있느냐가 경쟁력이 되는 시대가 되었습니다.

아래 그래프를 보면 인간의 지적 능력과 컴퓨터의 지능이 어떻게 교차되는지 확인할 수 있습니다.[15]

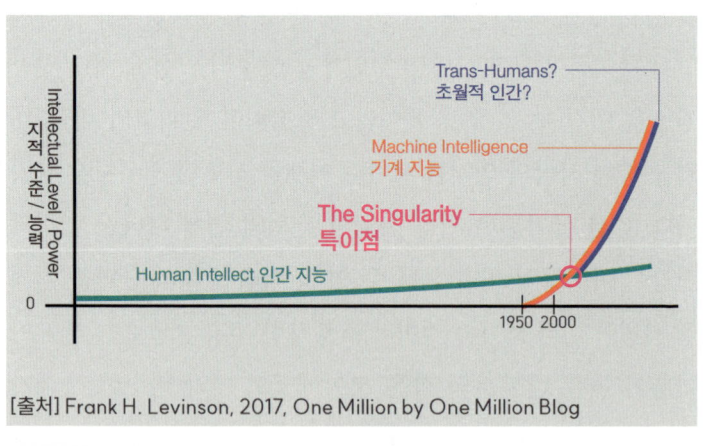

[출처] Frank H. Levinson, 2017, One Million by One Million Blog

특이점이 오게 되면 이후에는 트랜스 휴머니즘(Transhumanism) 시대가 오는데 인간이 트랜스(Trans) 곧 변화한다는 의미입니다. 인간이 변화하는 데에는 여러 가지 접근이 있는데 임준섭 박사는 크게 두 가지의 방향성을 제시합니다.[16] 첫째는 인간의 교육과 제도의 변화를 통해 더 나은 세상을 만들어 보자는 접근이고, 둘째는 인간의 불완전하고 비효율적인 부분을 기술로 개선해보자는 접근입니다. 전자는 사람이 사회를 구성하고 사회 시스템을 만든 이래로 철학, 교육, 정치 등을 통해 꾸준히 추구해 오던 방식입니다. 이 부분에 대해서는 이 책의 다른 장에서 논의하고 있기에 여기서는 자세하게 언급하지 않겠습니다.

우리가 여기서 주목할 것은 두 번째 관점인데, 기술로 사람의 부족한 부분을 개선하자는 접근입니다. 이 접근은 또다시 두 부분으로 나누어 볼 수 있는데, 하나가 육체의 개선이고, 또 하나는 지적 능력의 개선입니다. 사람의 몸을 개선한다는 것이 무엇일까 의아하겠지만 유전공학을 생각하면 쉽게 이해할 수 있습니다. 현재 유전자를 이용한 기술은 특정 질병을 유전자 가위를 통해 치료할 수 있는 수준에까지 이르렀습니다.[17] 유전자 기술이 더욱 발전한다면 인간의 생명을 연장하고 질병을 미리 예측하거나 태아 단계부터 유전자를 조작하는 일이 가능해질 것이라는 전망이 나오고 있습니다. 이렇듯 사람의 몸의 불완전한 부분을 개선하는 일이 일상화되는 것입니다.

유전공학과 더불어 기계와 사람의 결합을 시도하는 생체공학(Bionics)도 있습니다. 초기에는 지구상의 여러 생명체의 장점을 공학적으로 만들어서 기계에 적용하는 방식으로 연구가 이루어졌는데 최근에는 이렇게 개발된 기계를 사람에게 결합하는 형태로도 발전하고 있습니다. 대표적인 사례가 MIT의 휴허(Hugh Hurr) 교수입니다. 휴허 교수는 원래 등반가였는데 사고로 두 다리를 잃었습니다. 이후 생체공학을 연구하기 시작했고 현재는 자기 몸에 로봇 다리를 달고 테드(TED)에 나와서 강연을 하고 있습니다.[18] 테드는 세계의 석학들이 기술, 엔터테인먼트, 디자인 관련 연구 내용을 무료로 강연하는 플랫폼으로, 글로벌 연사들이 출연해서 새로운 동향과 기술에 대해서 알려주기 때문에 엄청난 인기를 끌고 있습니다. 최근에는 과학에서 국제적인 이슈까지 다양한 분야와 관련된 강연회를 개최하고 있습니다. 휴허 박사는 테드 강연에서 자신처럼 사고로 장애를 갖게 된 댄서에게 로봇 다리를 달아주고 다시 춤을 출 수 있게 해주는 감동스러운 장면을 연출합니다. 이 강연은 2014년에 공개되었고 휴허 박사의 사례를 보면서 6백만 불의 사나이나 소머즈 같은 사이보그가 생각났습니다. 영화 <아이, 로봇>에서 세계적인 배우 윌 스미스는 미래의 형사 역할로 등장하는데 사고로 잃은 팔에 로봇팔을 장착해서 살아가는 장면이 나옵니다. 이렇듯 인간의 몸에서 불완전하거나 기능을 제대로 하지 못하는 부분을 기계로 대체할 수 있는 시대가 열린 것입니다.

[그림] 휴허 박사가 인공 다리를 달고 암벽 등반을 하는 모습(출처: 위키백과)

"만약 여러분은 자신의 몸을 로봇팔이나 다리로 바꿀 수 있다면 어떻게 하실 건가요?"

이런 질문을 받게 된다면 어떻게 답변할지 상상해 봅시다. 청중에 따라 여러 가지 반응이 나옵니다. 교사들을 대상으로 한 강의에서 교장 선생님이 이렇게 답변했습니다.

"장애가 있거나 정상생활이 불가능한 분들에게는 허용하고, 그냥 신체 능력을 증강하기 위해서 바꾸는 것은 법으로 금지하는 것이 좋겠습니다."

많은 분이 그 교장 선생님의 의견에 동의했습니다. 그런데 우리에게는 로봇팔과 다리의 교체에 대한 윤리적·사회적·법적 합의가 있는지, 나아가 신앙적인 기준은 어떠한지, 인간의 몸을 기계와 결합하여 증강하는 일이 성경적으로 기독교 세계관의 입장에서 괜찮은 것인지 한 번도 생각해보지 않은 문제입니다. 지금까지 인류 역사에서는 사람의 지능과 기능을 따라올 존재가 없었습니다. 기독교 세계관에서는 하나님께서 자신의 성품을 닮게 창조한 인간만이 지성을 지녔기 때문에 다른 생명체가 하지 못하는 생각을 하고 사회를 구성하고 시스템을 만드는 등의 고차원적인 지능 활동을 통해 문명을 이루고 사는 것이라고 생각했습니다. 그런데 사람의 지적 능력을 흉내 낸 인공지능이 사람만큼의 지적 능력을 발휘한다면 어떻게 받아들여야 하는 것일까요? 특이점에 도달하면 사람의 능력을 뛰어넘는 시기가 오는데 그때가 되면 우리는 인공지능을 어떻게 대해야 할까요?

비기독교인은 인공지능과 사람의 관계를 긍정적으로 바라보는 유토피아적인 미래를 그리는 부류와 부정적으로 예측하는 디스토피아적인 미래를 그리는 부류로 나뉩니다. 유토피아적인 미래를 예측하는 그룹은 인공지능이 사람의 많은 부분을 대체하게 되면 사람에게는 더 많은 시간과 여유가 생길 것이므로 본질적인 활동에 집중하거나 남은 시간을 즐길 수 있게 되기 때문에 삶의 질이 높아질 것이라고 주장합니다. 디스토피아적인 미래를 그리는 그룹은 인공지능이 스스로 자각하게 되면 사람의 불완전함과 불공정성, 불합리성에 환멸을 느끼고 사람과 전쟁을 일으키게 되어 인류가 멸망하게 될 가능성이 있다고 경고합니다.

챗GPT는 이런 흐름에 기름을 끼얹은 격입니다. 2022년 11

월에 출시되었는데 출시된 지 얼마 지나지 않아 전 세계 사람들이 폭발적으로 사용하는 인공지능이 되었습니다. 2023년 말, 챗GPT를 만든 샘 올트만이 자신의 회사인 오픈AI에서 해고되는 사태가 벌어졌는데, 이는 이 두 그룹 간의 갈등을 명확하게 보여주는 사건입니다. 올트만이 해고된 이유는 이사회가 밝히지 않아서 정확하게 알 수는 없지만 많은 전문가는 인공지능 개발에 대한 의견이 달랐기 때문이라고 추측하고 있습니다.[19] 올트만을 해고한 이사회 사람들 대부분은 챗GPT가 위험한 기술이 될 수 있으므로 개발 속도를 잠시 늦추자고 했고, 올트만은 그럴 수 없다는 의견이었을 것으로 보고 있습니다. 이 해프닝은 일주일 만에 끝났는데, 직원들 대다수는 올트만을 지지했고, 이사회는 어쩔 수 없이 그의 복귀를 승인하고 말았습니다.

  샘 올트만이 한국을 방문한 적이 있는데 그때 그는 챗GPT를 만든 이유가 범용인공지능(Artificial General Intelligence; AGI)을 개발하기 위한 것이라고 말했습니다. 범용인공지능은 사람과 같거나 사람보다 뛰어난 지적 능력을 가진 인공지능으로, 이것이 개발되면 알파고처럼 특정한 분야에서만이 아니라 여러 문제와 상황에 범용적으로 활용하는 인공지능이 됩니다. 범용인공지능이 출현하면 인공지능이 스스로를 인식하게 되는 강 인공지능 시대가 된다는 주장도 있습니다. 강 인공지능 시대에는 인공지능이 실제로 지능을 갖게 되고 스스로 컴퓨터라는 것을 인식하게 되어 인간과 대립하게 된다는 디스토피아의 예측이 실현될 것이라는 의견이 많습니다. 샘 올트만은 이러한 범용인공지능을 만들겠다고 박차를 가하고 있었고 생성형 AI 개발을 신중하게 하자는 입장의 이사회와 갈등을 빚어 퇴출되었다가 복귀하는 해프닝이 벌어졌던 것입니다.

  생성형 AI가 어떤 인공지능이기에 '개발해야 한다', '잠시 멈춰야 한다'로 나뉘어 싸우는 것일까요? 앞서 살펴본 것처럼 인공지능은 인간의 지능을 흉내 내서 만들었기 때문에 학습, 추론, 예측, 자연어 처리와 같은 사람의 능력을 발휘할 수 있습니다. 생성형 AI는 어떤 역할까지 수행할 수 있는 것일까요?

아래의 그래프를 보면서 설명해 보겠습니다.

세계 인식		인지 발달		관계 정립		역할 수행	
패턴 인식	동영상 이해	기억	추론	사회 교류	유창한 대화	조력 & 협력	감독 & 멘토
훈련 데이터와 탐색으로 배우기(최적화)							
		보고 읽으며 배우기(최적화)					
				실행하고 책임지며 배우기(탐색)			
2015	2018	2021	2024	2027	2030	2033	2036

[표] 마야 비알릭, 찰스 페댈, 웨인 홈즈(2020). 『인공지능 시대의 미래교육』. 정제영, 이선복 역. 박영스토리

그래프의 초기에 보면 '훈련 데이터와 탐색으로 배우기' 단계가 있습니다. 사람들이 생성해 놓은 데이터를 대량으로 학습해서 패턴을 찾고, 그 패턴을 이용해 판단하고 예측하는 방식으로 작동하는 것입니다. 이런 방식의 대표적인 사례가 '알파고'입니다. 알파고는 사람의 기보(바둑 대국 기록)를 3,000만 수 이상을 학습했고 2년 정도의 훈련기간을 거쳤다고 합니다. 이세돌 사범이 2016년 당시 33세였고 대략 3만 시간 정도 훈련했다고 하는데, 알파고는 2년 정도 훈련하여 그 정도의 시간을 학습한 것입니다. 여기서 잊지 말아야 할 것은 사람은 밥도 먹고 잠도 자야 하는데, 인공지능은 전기만 공급되면 24시간 쉬지 않고 훈련할 수 있다는 점입니다. 인공지능은 블랙홀처럼 사람이 만들어 놓은 지식과 문화유산을 학습하고 있습니다. 그 속도와 양이 엄청나서 알파고처럼 사람을 뛰어넘는 능력을 가지게 된 것입니다. 사실 바둑은 인류 문화유산 중에서 창의성과 문제 해결의 최고봉에 있는 놀이 문화입니다. 바둑은 수천 년의 역사를 가진 놀이이고 돌을 놓을 수 있는 수만 해도 현재 추정 가능한 우주의 원자 개수보다 많다고 합니다. 숫자로 나타내면 대략 2×10^{170} 정도라고 합니다. 거의 무한대의 수에 가깝습니다. 알파고는 이렇게 많은 경우의 수를 순식간에 계산해서 바둑을 두는데, 이것이 인류가 쌓아 온 바둑 실력을 앞지르게 된 것입니다.

알파고를 만든 딥마인드사에서는 알파고 동생 격인 알파고 제로(Zero)도 개발했습니다. 알파고 제로는 알파고처럼 사람의 기보를 학습하지 않고 다른 방식으로 바둑을 배웁니다. 기존 알파고가 인간이 만든 정석이나 기보 등을 통해 바둑을 학습했다면, 알파고 제로는 바둑의 규칙만 학습한 후 기존 지식이나 데이터 없이 즉 인간의 도움을 받지 않고 대국을 통해 스스로 실력을 배양하는 방식으로 바둑을 익힙니다.[20] 이렇게 사흘 정도 바둑을 익힌 후 기존의 알파고와 대국했는데 100판을 모두 이겼습니다. 알파고 이후 기원에서는 인류가 바둑을 두던 방식과 인공지능이 바둑을 두는 방식을 통합하여 가르친다고 합니다. 바둑계는 인공지능 출현 전과 후로 나눌 수 있다고 할 정도로 인공지능의 영향을 가장 먼저 경험한 영역이라고 볼 수 있습니다.

앞으로 인간의 지능이 사용되는 영역 대부분에서는 바둑계와 같은 변화가 일어날 것이라고 예상합니다. 각 분야에서 사람이 생성한 데이터를 인공지능이 학습하고 이렇게 만들어진 인공지능 모델은 그 분야의 문제를 해결하는 데 사용될 것입니다. 알파고의 출현 이후 인공지능 개발 분야에서도 비약적인 발전이 있었는데 바로 챗GPT가 출시된 것입니다. 챗GPT는 앞서 살펴보았듯이 샘 올트만이 만든 오픈AI(OpenAI)사에서 개발하였습니다. 챗GPT는 엄청난 양의 언어를 학습했습니다. 이렇게 거대한 언어를 학습하여 언어를 생성하는 인공지능 모델을 거대언어모델(Large Language Model; 이하 LLM)이라고 합니다. 챗GPT는 사람의 언어로 된 자료 대부분을 학습했는데, 앞서 살펴본 위키피디아의 지식뿐 아니라 고전 소설도 학습했습니다. 만약 우리가 시를 쓴 다음에 윤동주 풍으로 바꿔 달라고 하면 바꿔줍니다. 현재는 '보고 읽으며 배우기' 단계에 들어선 것입니다. 다음 단계는 '실행하고 책임지며 배우기'입니다. 이 단계가 되면 아이들의 직장 상사가 인공지능이 될지도 모릅니다. 지금도 기업을 경영하는 데 필요한 의사결정에 AI를 활용하는 사례가 늘고 있습니다.[21] 이 단계가 되면 사람에게 필요한 역량은 무엇이고 인공지능의 명령을 받게 된다면 어떻게 될지 생각해 보아야 합니다.

또한 우리 기독교인에게 필요한 가치와 덕목은 무엇일까요? 인공지능이 성공확률이 높은 해결책을 제시할 때 그 명령을 판단하는 기준이 우리에게는 있을까요? 최근 인공지능 관련 윤리와 철학을 연구하는 전문가들은 인간의 주체성을 중요한 가치와 기준으로 삼습니다. 기독교인인 우리 삶의 중요한 기준은 '하나님이 원하시는가'입니다. 개신교 장로교에 뿌리를 두고 있는 우리 모든 삶의 기준은 하나님의 말씀인 성경입니다. 아무리 성공확률이 높은 해결책을 인공지능이 제시한다고 하더라도 하나님께서 원하시지 않는 일이라면 과감하게 포기할 수 있어야 합니다. 멀지 않은 시기인 2036년이 되면 우리가 양육하는 아이들이 무슨 일을 하든지 인공지능과 함께하는 세상이 본격화될 것입니다.

4. 챗GPT의 등장과 영향

　지금은 인공지능이 보고 읽으며 배우는 시기인데, 이런 시기를 주도하고 있는 대표적인 인공지능이 바로 챗GPT입니다. 챗GPT는 채팅하는 인공지능 모델로 무언가를 생성(Generative)하는 기능을 하는데 채팅하는 것이 목적이기에 말과 글을 생성합니다. 기존의 데이터와 지식을 사전에 학습(Pre-trained)했기 때문에 사람이 질문을 하면 백과사전 수준의 답변을 할 수 있습니다. 또한 단어 간의 연관성을 계산해서 문장을 만드는 방식(Transformer)으로 작동합니다. 이렇게 중요한 원리의 앞 글자를 따서 GPT라고 부릅니다. 챗GPT가 폭발적인 인기를 끄는 이유는 알파고와 달리 특정 영역에서만 사용되지 않고 누구나 필요한 곳에 활용할 수 있기 때문입니다. 물론 분야별로 활용도에서 차이가 있지만 일반적인 준전문가 수준의 답변이 가능하기에 활용도가 높습니다. 특히 자신이 사용하는 언어를 사용해서 명령할 수 있으므로 언어를 사용할 수 있는 문명인이면 누구나 사용할 수 있어 접근성이 뛰어납니다.

　챗GPT처럼 무언가 생성하는 인공지능을 생성형 AI라고 부릅니다. 요즘 창작 활동을 하는 커뮤니티에서는 생성형 AI를 활용한 다양한 창작 방법을 알려주는 강좌가 인기를 끌고 있습니다. 원래 창작이란 사람의 고유한 영역이라고 여겨 왔는데, 인공지능에게 명령을 내려서 그림을 그리고 영상을 만들게 되면서 어떤 명령을 내리면 원하는 그림을 그리게 할 수 있는지에 대한 강좌가 속출하게 된 것입니다.

실제 사례로 2022년에는 생성형 AI 미드저니로 그린 그림이 미국 콜로라도 주립 박람회 미술대회에서 디지털아트 분야에서 우승을 차지했습니다. 게임 기획자인 제이슨 M. 앨런의 <스페이스 오페라 극장>(Theatre D'opera Spatial)이라는 작품입니다.[22]

[그림] 스페이스 오페라 극장(출처: 제이슨 앨런 트위터)

이쯤 되면 사람의 고유 영역이라고 여겨지던 창작도 인공지능이 앞서는 결과를 보인다고 할 수 있습니다. 앞서 살펴본 인공지능의 발전 그래프에서 2027년에 '책임지고 배우며 실행하기' 단계가 시작되는데, 그때가 되면 세상은 어떻게 변할까요? 지금까지 한 번도 겪어보지 못한 세상이 됩니다. 챗GPT는 2022년 11월에 출시되었는데 짧은 시간에 급속도로 발전을 이루었습니다. 새로운 기술과 서비스가 결합되기 시작하더니 기존의 다양한 서비스가 챗GPT 안에서 가능해졌습니다. 예를 들어 pdf 파일로 된 논문을 읽어주고 프로그램이 코드를 작성해 줍니다. 또한 여행 서비스와 결합되어 여행계획을 짜주고 호텔도 추천해 줍니다. 참고문헌 논문도 찾아주고 실제 논문 제목과 요약을 제공하고 논문을 다운받는 사이트도 링크를 걸어줍니다. 또한 데이터를 분석해서 그래프를 그려주고 인터뷰한 자료를 요약해 주며 텍스트 분석도 해줍니다. 이런 기능을 '플러그인'(Plugin)이라고 합니다. 이 플러그인은 2024년에 GPTs로 대체되었습니다.

현재 챗GPT에서 서비스하는 플러그인은 1,000종이 넘습니다. 안타깝게도 플러그인 기능은 유료 사용자에게만 제공되고 있습니다. 플러그인 소식만 해도 놀랄 일인데, 2023년 11월에는 또다시 세계가 놀라는 기능이 출시됩니다. 바로 GPTs 기능입니다. GPT에 s가 붙은 기능인데 쉽게 설명하면 자신만의 GPT를 만들 수 있는 기능입니다. 예를 들어 'GPT를 사용하는 방법'에 대한 강의를 할 때, 챗GPT를 사용하는 기본 방법에 대해 질문할 수 있도록 'How to use GPT' 서비스를 만들어 수강자들에게 배포하는 것입니다. 나만의 GPT 서비스를 만들기 위해서는 아래 이미지처럼 제목, 소개 설명, 기본

질문, 지식이 되는 여러 문서가 필요합니다. GPT 관련 보고서나 강의자료, 매뉴얼 등의 pdf를 학습시키면 수강자들은 주소로 접속하여 오른쪽의 GPT 서비스를 이용할 수 있습니다. GPTs는 2024년 초까지도 유료였는데, 최근에는 무료 사용자도 사용할 수 있게 되었습니다.

GPTs는 인공지능의 시대를 더욱 앞당기고 있습니다. 앞으로는 자신에게 필요한 GPT를 누구나 만들 수 있게 될 것입니다. 미국 하버드 대학교의 컴퓨터 기초 강좌(CS50)에서는 2023

년 가을학기부터 챗GPT를 도입하여 튜터 기능을 하도록 운영하고 있습니다. 얼마 전 GPTs 서비스에 CS50 Tutor가 올라왔습니다. 이제 전문가라고 생각하는 사람은 자신이 가지고 있는 자료와 정보를 이용해서 기본 질문에 답할 수 있는 '보조교사'를 만들 수 있습니다. 현재 가장 인기 있는 것은 이미지를 생성해주는 서비스, 프레젠테이션을 만들어주는 캔바(Canva), 로고를 창작해주는 서비스, 학술 논문을 찾아주는 서비스 등입니다.

GPT

지침, 추가 지식 및 모든 스킬 조합을 결합한 ChatGPT의 맞춤형 버전을 발견하고 만듭니다.

Q GPT 검색

최상위 선택 항목   글쓰기   생산성   연구 및 분석   교육   라이프스타일   프로그래밍

지금 인기
커뮤니티에서 가장 인기 있는 GPT

1 **image generator**
A GPT specialized in generating and refining images with a mix of professional and friendly tone.image generator
작성자: NAIF J ALOTAIBI

2 **Write For Me**
Write tailored, engaging content with a focus on quality, relevance and precise word count.
작성자: puzzle.today

3 **Scholar GPT**
Enhance research with 200M+ resources and built-in critical reading skills. Access Google Scholar, PubMed, JSTOR, Arxiv,...
작성자: awesomegpts.ai

4 **Canva**
Effortlessly design anything: presentations, logos, social media posts and more.
작성자: canva.com

5 **Logo Creator**
Use me to generate professional logo designs and app icons!
작성자: community builder

6 **Website Generator**
⚡ Create a website in a second! ⚡
Generate, design, write code, and write copy for your website. Powered by B12....
작성자: websitegenerator.b12.io

더 보기

챗GPT를 만든 샘 올트만의 독주는 당분간 계속될 것으로

보입니다. 마태효과를 명확히 보여주는 사례라고 보는데 이번에는 아예 'AI 반도체'를 생산하기 위해 6,500조에서 9,100조에 이르는 엄청난 금액을 모금하려는 계획을 세우고 있다고 합니다.[23] 오픈AI사에 대항하고 있는 구글도 제미나이(Gemini)를 출시하여 AI 전쟁에 박차를 가하고 있습니다. 제미나이는 구글의 막대한 데이터와 정보를 토대로 답변하기 때문에 좀 더 객관적이라는 평가도 있습니다. 또한 출시 초기부터 멀티모달(Multimodal) 기능에 중점을 두고 있습니다. 멀티모달은 사람이 시각, 청각, 촉각 등 다양한 경로로 데이터와 정보를 받아들이고 학습하는 것처럼 인공지능도 텍스트, 오디오, 동영상 등을 통해 정보를 받아들이고 학습하는 방식을 말합니다. 이런 인공지능을 '멀티모달 AI'라고 합니다. 앞으로는 멀티모달 AI 시대가 될 것입니다. 여기에 앤트로픽(Anthropic) 회사에서 만든 클로드(Claude)도 엄청난 성능을 보이고 있어서 삼파전 양상을 보이는 상황입니다.

머지않아 대부분의 창작 영역에서 생성형 AI가 사용될 것으로 전망됩니다. 2023년 5월 네이버 웹툰 커뮤니티에서 재미있는 사건이 발생했습니다. 네이버 웹툰에 연재되는 작품 중 하나에 AI를 사용했다는 사실이 밝혀지면서 독자들의 별점 테러가 이루어졌고, AI 웹툰 보이콧 운동이 벌어지기도 했습니다.[24] 미국 영화의 본산지인 할리우드에서도 작가, 배우, 감독들이 영화산업에서 AI 사용을 반대하며 파업을 선언하기도 했습니다. 창작업계에서는 AI를 허용하는 쪽과 그렇지 않은 쪽으로 나뉘어 있습니다. 당분간은 양측의 주장이 계속 엇갈릴 것으로 예상됩니다. 인공지능 개발 분야에서도 비슷한 현상이 일어나고 있는데 대표적으로 구글에서 인공지능을 개발하던 제프리 힌턴은 구글에서 퇴사하면서 인공지능을 개발한 것을 후회한다고 했습니다. 그는 퇴사한 이후 인공지능 개발을 잠시 멈추자는 메시지를 피력하고 있습니다. 딥러닝의 창시자인 요슈아 벤지오 교수도 멈추자는 쪽에 가담했다고 합니다. 반대로 페이스북의 인공지능 개발자인 얀 르쿤 뉴욕대 교수와 구글의 자율주행차와 바이두의 인공지능 개발을 주도한 앤드류 응 스탠퍼드대 교수는 찬성하는 입장입니다. 이 네 명의 개발자를 인공지능계에서는 인공지능 4대 천왕이라고 부르는데 이들이 양측으로 갈라지게 된 것입니다.[25]

　인공지능을 계속 개발해야 할지 멈춰야 할지 찬반은 계속됩니다. 인류가 걸어온 기술의 발전상을 살펴보면 새로운 기술이 등장할 때마다 찬반론이 계속 나타났습니다. 그런데 인공지능 기술은 지금까지의 기술과 다른 점이 있습니다. 지금까지의 기술은 최소한 사람의 개입이 필요하고 사람의 개입이 없으면 무언가 결과를 보여줄 수 없었습니다. 그런데 인공지능은 스스로 학습이 가능하고, 인간의 개입이 최소화되거나 없어도 되는 수준까지 발전했습니다.

　이렇게 되면 사회적·경제적 격차가 가속화될 가능성이 높습니다. 앨빈 토플러가 주장한 것처럼 정보가 곧 권력인데, 인공지능을 이해하고 제대로 활용할 수 있는 사람과 그렇지 못한 사람의 격차는 엄청난 차이를 불러오게 됩니다. 이런 상황이 예측되기 때문에 영국이나 미국에서는 2010년대 중반부터 모든 사람에게 인공지능에 대한 교육을 해야 한다고 앞다투어 보고서를 발표합니다.

2016년에 발간된 미국의 백악관 보고서에 따르면 앞으로 인공지능에 의해 자동화되는 영역이 많아질 것이므로 그 영향은 산업계, 경제계에 영향을 주게 된다고 합니다.[26] 이 보고서에서는 다음과 같은 사항을 적극 권고합니다.

1. AI를 적극적으로 투자하고 개발하여, 그로 인한 많은 혜택을 창출하고 공유하도록 한다.
2. 미래의 일자리를 위해 미국인을 새롭게 교육하고 훈련한다.
3. 성장의 혜택을 골고루 나누기 위해 전환기 근로자를 돕고 역량 강화를 지원한다.

미국을 비롯한 선진국들은 앞다투어 AI 인재양성 정책을 발표하고 국제 경쟁력을 강화하기 위해 노력하고 있습니다. 세계는 이미 '인공지능 전쟁'에 참여하는 추세입니다.

기독교계에서도 챗GPT에 대한 열풍이 일어나고 있고 교회나 노회, 총회의 각종 모임이나 세미나에서 챗GPT 강연을 하고 있습니다. 이제 인공지능을 활용하는 것은 필수 능력이 되었기 때문에 기독교계에서도 이에 대한 준비가 필요합니다. 인공지능 활용 방안에 대해서 신학적, 성경적, 교육적으로 조망하는 일은 의미 있는 일이 될 것입니다.

5. 인공지능의 학습 방법

인공지능이 발전하여 '트랜스 휴머니즘' 시대가 되면 사람은 더욱 행복해질까요, 불행해질까요? 우리 영성이 더 깊어지고 신앙생활을 더 잘하게 될까요? 챗GPT가 궁금한 것에 답해주고 어려운 문제도 해결책을 척척 내놓으니 사람들은 일을 더 잘하게 될까요? 챗GPT를 사용할 때 경계해야 할 점 중 하나는 종속된다는 것입니다. 실제로 전국 고등학교 교장선생님들이 모인 강의 때 사용법을 알려드리고 활용 여부를 물었을 때 대부분 활용하겠다고 했습니다. 아이들도 계속 사용하다 보면 무분별하게 사용할 수 있습니다. 잠언서에 보면 다음과 같은 말씀이 있습니다.

"모든 지킬 만한 것 중에 더욱 네 마음을 지키라 생명의 근원이 이에서 남이니라"(잠 4:23)

인공지능 사용에서 가장 중요한 것은 사람의 주체성을 잃지 않는 것입니다. 그러므로 어려운 문제가 생길 때마다 인공지능을 먼저 찾는 것이 아니라 우리의 마음을 쏟아놓고 먼저 기도하는 것을 가르쳐야 합니다. 또한 인공지능에게 마음을 뺏기지 않고 제대로 사용하려면 인공지능이 무엇인지 아는 것이 필요합니다. 인공지능에 대한 막연한 기대감이나 두려움은 제대로 알지 못할 때 더욱 증폭됩니다. 인공지능이 챗GPT로 발전하기까지 어떤 일들이 있었는지 간단하게 살펴보겠습니다.

인공지능은 '사람의 지능을 흉내 내는 기술'이라고 할 수 있습니다. 인공지능을 개발하는 방식은 크게 기호주의와 연결주의 두 가지가 있는데 초기에는 '기호주의' 방식을 선호했습니다. 이는 전문가의 지식을 기호로 표현해서 컴퓨터에 입력하는 방법입니다. 폐렴을 판별하는 인공지능을 만든다고 가정하고 아래와 같은 대화를 예측해 봅시다.

의사 : 어디가 아파서 오셨어요?
환자 : 기침이 나고 콧물도 있어요.
의사 : 열은 어때요?
환자 : 어젯밤에 열이 좀 났어요.
의사 : 지금 보니 38도네요. 열이 조금 있군요. 몸도 아픈가요?
환자 : 예, 몸도 조금 아파요.

의사와 환자의 대화를 문진이라고 하는데 이를 통해 의사는 아픈 곳을 진단합니다. 열을 재고 청진기로 소리를 듣는 등의 진단을 통해 상태를 파악하고 약을 처방합니다. 폐렴 진단을 위해서도 이러한 문진과 진단이 필요한데, 그 자료를 1,000명의 의사에게 물어서 수집했다고 해봅시다. 그들이 공통으로 질문하는 문항과 대답의 정도에 따른 판별 규칙을 만들 수 있습니다. 판별 규칙이 만들어지면 폐렴을 판별하는 '인공지능 의사'가 만들어지는 것입니다.

인공지능 초기에 나온 프로그램 중에 '엘리자'가 있습니다. 엘리자는 전화로 사람을 응대하는 서비스로 만들어졌는데, 사람들이 엘리자와 대화를 하면서 위로받았다는 반응을 보이기도 했습니다.

엘리자 대화 화면(출처: 위키피디아)[27]

기호주의로 판별 룰을 만드는 방법은 논리를 이용하는 것입니다. 아리스토텔레스가 시초라고 알려진 '삼단논법'(三段論法, syllogism)이 가장 대표적인 예입니다. 삼단논법을 기호로 표현하는 과정을 살펴봅시다.

사람은 다 죽는다.
소크라테스는 사람이다.
그러므로 소크라테스는 죽는다.

앞의 문장을 기호로 표현하면 다음과 같이 표기할 수 있습니다.

사람 ⊂ 죽음
소크라테스 ⊂ 사람
소크라테스 ⊂ 죽음

A ⊂ B 이고 C ⊂ A 이면 C ⊂ B 이다.

이렇게 논리를 기호로 바꿀 수 있으면 컴퓨터에서 계산하기 쉬워집니다. 컴퓨터 역사에는 몇몇 중요한 인물이 등장하는데 이전까지 논리를 서술형식으로 설명하던 것을 기호로 표현하는 방식을 적용한 사람이 있었습니다. 19세기 영국의 수학자이자 철학자, 논리학자인 조지 부울(George Boole)입니다. 그는 1854년에 출간한 책에서 논리나 추론, 철학을 수학적으로 정립합니다. 여기서 명제(Proportions)라는 개념과 AND, OR, NOT이라는 개념을 이용해서 모든 것을 표현하려는 시도를 합니다. 부울이 제시한 명제와 논리 관계를 설명하려면 수학적인 개념을 도입해야 하기에 이 책에서는 생략하겠지만 중심 내용은 '설명으로 되어 있는 논리를 기호로 바꿀 수 있다'는 것입니다. 부울이 만든 방식을 '부울 대수'(Algebra) 또는 '부울 논리'(Logic)라고 합니다. 컴퓨터에서 논리식을 만들 때 가장 기본으로 사용하는 AND 연산과 OR 연산의 진리표를 한 번쯤은 보셨을 것입니다. 0은 거짓이고 1은 참이라고 할 때, 명제 A와 B의 참, 거짓을 AND 연산표로 나타내면 다음과 같습니다.

A	B	A X B
거짓	거짓	거짓
거짓	참	거짓
참	거짓	거짓
참	참	참

⋯▶

A	B	A X B
0	0	0
0	1	0
1	0	0
1	1	1

세상의 논리를 이런 식으로 표현할 수만 있다면 컴퓨터가 계산을 통해서 지식을 표현하고 추론할 수 있다는 것입니다. 예를 들어 기독교 교리를 명제로 표현한다면 '예수님을 믿는다. 구원받는다.'라고 표현할 수 있습니다. 여기에 두 명제 간의 관계가 'p이면 q이다'라는 규칙이 있다면, '예수님을 믿으면 구원받는다'라는 결과를 추론할 수 있습니다.

⟨명제⟩
p : 예수님을 믿는다.
q : 구원을 받는다.

⟨규칙⟩
p이면 q이다. (p → q)

인공지능에서 판별 규칙을 만들 때 사용하는 방식이 바로 이런 명제 논리와 기호로 바꾼 수식들입니다. 컴퓨터는 계산하는 기계이기 때문에 수식으로 바꾸면 계산이 가능해집니다. 초기 인공지능 시스템은 이런 명제 논리를 이용해서 전문가로부터 지식을 데이터화했습니다. 이렇게 만든 전문가 시스템은 입력된 지식이나 판단을 통해 새로운 지식을 구축하기 때문에 사람에게서 지식을 추출하여 컴퓨터에 입력하는 과정이 중요합니다. 그런데 이런 방식은 비교적 정확한 분류나 예측이 가능하다는 장점이 있지만 모든 상황의 규칙을 다 제시하기 어렵다는 점과 여러 상황에 의해 규칙이 바뀔 경우 새롭게 알고리즘을 수정해야 한다는 단점이 있었습니다. 이런 단점 때문에 여러 문제에 봉착하면서 기호주의 방식이 유용하지 않게 되었습니다.

기호주의의 문제를 극복하기 위해 새로운 시도가 있었고 이것이 바로 '연결주의'입니다. 연결주의는 사람의 두뇌와 최대한 비슷한 모델을 만들고 데이터를 기반으로 기계가 스스로 규칙을 생성하도록 만들었습니다. 현대 인공지능은 기호주의와 연결주의를 혼합해서 사용하기도 합니다.

우리가 이단을 구분하는 인공지능을 연결주의 방식으로 만들면 다음과 같이 할 수 있습니다. 예를 들어 아래 그림과 같이 교리a와 교리b가 입력되면 정통교리와 이단교리 중 어디에 가까운지 배치할 수 있고 이 두 가지를 구분하는 기준점을 찾을 수 있습니다. 다른 데이터인 교리c와 교리d가 들어오면 이단을 구분하는 기준점을 조금 이동하게 됩니다. 이런 식으로 데이터가 추가될 때마다 기준을 이동시켜 가면서 최종 이단을 구분하는 기준점을 설정하게 됩니다. 현대 컴퓨터는 엄청난 속도로 대량의 데이터를 계산할 수 있기 때문에 수십만, 수백만이 넘는 데이터를 이런 식으로 학습시켜서 무언가를 판별하고 예측하는 인공지능을 만들 수 있게 된 것입니다.

이 연결주의 중에서 데이터만 주면 스스로 학습(반복적인 계산과 수정)해서 판별 모델을 만드는 방식을 '기계학습'(Machine learning)이라고 합니다. 기계가 스스로 학습한다고 해서 이렇게 불리는 것입니다. 기계학습을 구현할 때는 사람의 뉴런, 신경망 구조를 본떠서 만든 '인공신경망'을 이용하는 방식을 주로 사용합니다. 사람의 뉴런처럼 복잡한 층의 구조로 되어 있는 인공신경망을 통해 학습시킨 모델 방식을 '딥러닝'(Deeplearning)이라고 합니다. 최근 인공지능이 두각을 나타내고 있는 추론, 예측, 자연어 처리에 주로 사용되는 방식이 바로 딥러닝입니다.

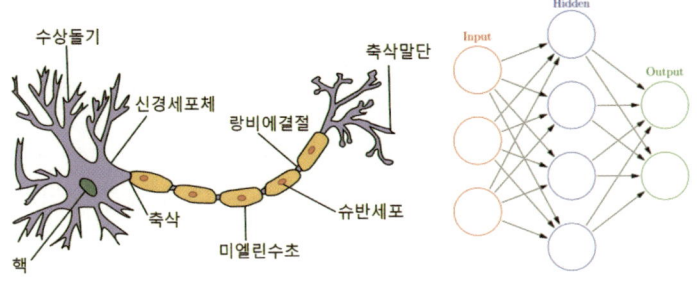

[그림] 사람의 뉴런과 인공신경망 (출처 : 위키백과)

애초에 컴퓨터는 사람처럼 계산할 수 있는 기계를 만드는 것이 그 시작이었는데, 이제는 사람의 문제를 해결하는 단계까지 발전했고, 그 발전 과정에서 사람의 뇌 구조까지 흉내 내게 되었습니다. 그런데 신기하게도 사람의 뇌 구조를 본떠서 만들었더니 다른 방식보다 성능이 좋습니다.

하나님께서 사람을 창조하실 때 우리 몸에서 가장 복잡하고 신비한 뇌의 구조를 만들어 주셨습니다. 사람은 하나님이 창조하신 뇌의 구조를 흉내 내서 인공신경망을 만들었고 그렇게 만든 인공신경망은 계산을 통해서 모델을 만드는 방식인데도 훌륭한 성과를 냅니다. 이는 하나님의 위대하심을 보여주는 결과라고 할 수 있습니다. 컴퓨터를 공부하다보면 이런 경험을 종종 하게 됩니다.

6. 챗GPT 활용 방법

챗GPT는 딥러닝을 기본으로 여러 가지 방식을 혼합하여 만들었습니다. 즉 데이터를 통해 스스로 학습하게 한 후, 사람이 피드백을 주어 더 나은 답변을 유도하는 방식을 적용했습니다. 챗GPT는 말과 글을 생성하는데 글 외에도 이미지, 오디오, 동영상 같은 결과물을 제작해주는 생성형 인공지능이 있습니다. 컴퓨터가 하는 근본적인 계산을 쉽게 설명하면 IPO(입력-처리-출력) 체계로 설명할 수 있습니다. 데이터가 들어오면 계산(처리, 저장)하고 그 결과를 출력하는 것입니다. 생성형 AI는 텍스트 데이터가 들어왔는데 이미지가 나오기도 하고 동영상이 나오기도 합니다. 그런데 그 결과물은 세상에 없었던 결과물입니다. 예를 들어 챗GPT에게 최근에 읽은 책의 감상을 적은 후 서평으로 써달라고 하면, 같은 요청을 넣어도 매번 다른 서평을 써줍니다. 전체 내용은 비슷하지만 다른 단어와 문장으로 조금씩 다른 결과물을 보여줍니다.

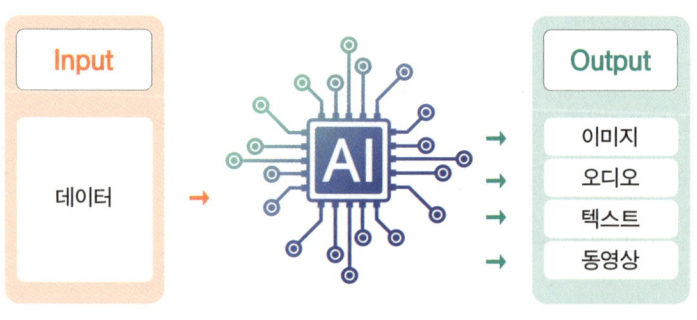

생성형 AI는 목적이나 결과물에 따라 구분할 수 있는데 아래의 표와 같이 정리할 수 있습니다. 이 표에서 제시되지 않은 더 많은 생성형 AI가 지금도 개발되고 있습니다.

구분	생성형 AI 종류
글쓰기 지원	챗GPT, 구글 제미나이, 클로드, 뤼튼, 라이팅젤 등
이미지 제작	이미지크리에이터 form MS Bing, DALLE.3, Stable diffusion, Midjourny, Adobe Firefly, Canva 등
오디오 제작	Soundraw, AIVA, Suno 등
동영상 제작	Runway, Vrew, Lumiere 등

[표] 생성형 AI의 종류

챗GPT를 제대로 활용하기 위해서 간단한 원리 정도는 알아두는 것이 좋습니다. 챗GPT의 기본 원리를 알아두면 어디에 어떻게 활용할지에 대한 판단 기준이 생깁니다. 챗GPT는 거대언어모델(Large Language Model; LLM)의 일종입니다. 거대언어모델은 대용량의 사람 언어를 이해하고 생성할 수 있도록 개발된 인공지능 모델을 말합니다. 주로 자연어 처리 분야에서 연구되던 것인데, 2022년에 발표된 챗GPT는 사람과 대화하고 질문에 대답할 수 있는 수준까지 발전했습니다. 자연어 처리란 사람이 사용하는 자연어를 해석하기 위한 기술인데, 자연어를 해석하기 위해 사람의 언어를 학습시킨 후 새로운 말이나 글이 입력되면 번역하거나 요약, 자동 작문, 질문 응답 등의 다양한 업무에 활용해 왔습니다. 거대언어모델은 사람이 사용하는 언어 대부분을 거대하게 학습시켰기 때문에 자연어 처리 작업을 수행할 수 있습니다. 거대언어모델이 중요한 이유는 사람이 사용하는 말과 글을 해석하고 이에 따라 다양한 작업을 연결할 수 있기 때문입니다.

여기서 잠시 우리 주변을 둘러봅시다. 우리 주변에서 말과 글을 사용하는 곳이 있다면 어느 곳에도 챗GPT를 활용할 수 있습니다. 예를 들어 회의 내용을 기록하고 요약하거나, 보고서를 작성하거나, 이야기를 구상하거나, 설명이나 주장하는 글을 작성하는 데 활용이 가능합니다.

챗GPT를 개발한 오픈AI사에서는 초기에 교육자를 위한 가이드 문서를 제공했는데, 사용범위를 살펴보면 다음과 같습니다.

· 수업 계획 및 기타 활동을 위한 초안 작성 및 브레인스토밍
· 퀴즈 문제 또는 기타 연습 문제 설계에 대한 지원
· 맞춤형 튜터링 도구 실험하기
· 다양한 선호도에 맞게 자료 사용자 지정
　(언어 단순화, 읽기 수준 조정, 맞춤형 활동 만들기)
· 글쓰기 부분에 대한 문법적 또는 구조적 피드백 제공
· 글쓰기 및 코딩과 같은 영역의 기술 향상 활동
　(코드 디버깅, 글 수정, 설명 요청)
· AI가 생성한 텍스트 비평

유네스코에서도 챗GPT를 어떻게 활용할지 가이드 라인을 발표했는데, 그 역할과 내용은 다음과 같습니다.[28]

역 할	내 용
가능성 엔진	아이디어를 표현하는 대안적 방법 생성
소크라테스식 상대	상대방의 역할 수행 및 논쟁
협력 코치	그룹이 함께 조사하고 함께 문제 해결
옆에 있는 가이드	물리적 공간과 개념적 공간(자원)을 탐색하는 가이드 역할
개인 튜터	각 학생을 튜터링하고 진행 상황과 진도에 대한 즉각적인 피드백 제공
공동 설계자	설계 전 과정을 지원
탐구도구	데이터를 해석하고 탐색하는 놀이 도구
학습 친구	학습자료를 공부하는 데 도움, 인터뷰 준비 등
동기부여	학습 확장을 위해 게임과 도전과제 제공
동적 평가자	교사에게 각 학생의 현재 지식의 프로필 제공

위에서 제시한 역할을 잘 살펴보면 교육자에게 도움이 되는 것도 있고 학습자에게 도움이 되는 것도 있으므로 토론이나 프로젝트 수업에 유용하게 사용할 수 있습니다.

챗GPT를 활용하기 위해서는 먼저 질문이나 요청을 해야 하는데, 이때 일정한 방법을 사용하면 정확도가 높은 응답을 얻을 수 있습니다. 사람이 하는 이러한 질문을 프롬프트(Prompt)라고 하는데 프롬프트를 만드는 방법을 정리해 보겠습니다.

· 지시(Instruction) – 모델이 수행할 특정 작업 또는 지시
· 문맥 – 더 나은 응답을 위해 모델을 조종할 수 있는 외부 정보나 추가 문맥
· 입력 데이터 – 응답받고자 하는 입력이나 질문
· 출력 지시자 – 출력의 유형이나 형식

지시는 어떤 결과물을 원하는지 작업 내용을 명확히 요구하는 것입니다. 예를 들면 작성하기, 분류하기, 요약하기, 번역하기, 정렬하기 등의 작업을 명확히 알려주면 원하는 결과물을 얻을 수 있습니다. 문맥은 요청이나 질문의 맥락을 설명해 주는 것입니다. 예를 들어 보고서를 쓰는 상황인지, 자료를 조사하는 상황인지, 상담하는 상황인지를 설명하고 간단한 예시를 보여주면 좋습니다. 예시를 보여주는 방식에 따라 제로샷(zero-shot), 퓨샷(few-shot)으로 설명하기도 합니다. 예시를 전혀 보여주지 않고 요청하면 제로샷, 몇 가지 사례를 보여주면서 요청하면 퓨샷이라고 합니다. 적절한 예시를 보여주면 더 답변을 잘합니다. 입력 데이터는 지시와 문맥을 작성한 후 마지막에 직접적인 요청을 하는 것을 말합니다.

예를 들면 "이 글을 다섯 문장으로 요약해줘"나 "이 문장을 한국어로 번역해줘"와 같이 마지막 질문을 하는 것입니다. 이

때 기초 데이터를 주고 요청할 수 있습니다. 기초 데이터는 글이 될 수도 있고 숫자가 될 수도 있습니다. 최근에 챗GPT 유료 버전은 pdf 파일이나 txt, csv 같은 파일도 입력할 수 있습니다. 마지막으로 출력 지시자는 출력 형식을 지정하면 좋습니다. 예를 들어 개조식, 서술식으로 지정할 수 있고 표로 그려달라고 할 수도 있습니다. 또 강의계획서를 작성할 때 형식의 구성요소를 알려주고 구성요소를 채워달라고 요청합니다. 이렇게 기본 명령 방법을 이해하고 사용하면 더 좋은 답변을 얻을 수 있습니다. 토의나 토론 수업을 진행할 때 다음과 같이 챗GPT를 활용할 수 있습니다.

> 1단계 : 팀별로 토론할 때 초기 단계의 발산과정에서 활용한다.
> 예를 들어 환경 오염을 막기 위한 대책을 토론하다가 막히면 지금까지의 의견을 간단하게 설명하고 다른 대안이 있는지 질문한다.
> 2단계 : 팀별 토론을 정리할 때 활용한다.
> 토론한 내용을 그대로 타이핑해서 챗GPT에게 다섯 문장으로 요약해 달라고 요청한다. 답변 내용을 점검한 후 발표 슬라이드에 붙여넣는다.

챗GPT는 제대로 질문해야 좋은 답을 얻을 수 있습니다. 챗GPT에게 질문하는 방법을 프롬프트 엔지니어링(Prompt Engineering)이라고 하는데, 챗GPT가 이해하기 쉬운 질문 형식은 다음과 같이 구성하면 됩니다.

1. 먼저 역할을 부여하고 어떤 일을 수행하기를 원하는지 설명한다.

   중학교 수학 선생님이나 진로 상담 선생님으로 역할을 가정하라고 한다. 간혹 인간의 역할을 대신할 수 없다는 답변이 돌아오지만 그래도 관련 질문에 답해주겠다고 하면 준비가 된 것이다.

2. 이때 예시를 보여주거나 상황을 설명해 주면 더 좋은 답변을 준다.

   45분 기준의 수업계획을 도입, 전개, 정리의 흐름으로 만들어 달라고 한다.

3. 답을 얻고자 하는 질문을 한다. 구체적으로 질문하면 좋다.

   수업계획에 수업 목표, 도구 및 준비물, 시간 등을 포함해서 만들어 달라고 한다.

4. 결과물의 형식을 요청한다.

   친한 친구 사이의 대화나 공식적인 문서 형식으로 지정한다.

수업계획에 대해 챗GPT가 준 답변(4.0 버전)

과학 수업을 위한 환경 오염 주제의 45분 수업 계획을 준비해 보겠습니다. 아래는 수업의 구성요소입니다.

학습목표 - 환경 오염의 정의와 주요 원인에 대해 이해하기
- 환경 오염이 인간과 생태계에 미치는 영향을 인식하기
- 개인과 지역 사회 차원에서 환경 오염에 대처하는 방법과 해결책 탐구하기

준 비 물 - 전자 화이트보드 또는 칠판
- 마커 또는 청소용 보드 지우개
- 프로젝터 또는 컴퓨터와 스크린
- 수업 준비 자료: 환경 오염에 관한 사례 연구, 사진, 그래프 등

1. 입장 활동(5분)
- 학생들을 환경 오염에 대한 질문을 통해 수업에 참여하도록 독려합니다. 예를 들면 "환경 오염이란 무엇일까요?"와 같은 질문을 제시합니다.

2. 개념 소개(10분)
- 전자 화이트보드나 칠판을 사용하여 환경 오염의 정의를 설명합니다.
- 다양한 환경 오염 원인과 그에 따른 사례들을 소개하고, 학생들이 이미 알고 있는 사례들을 함께 공유합니다.

3. 영향 및 결과 분석(15분)
- 프로젝터나 스크린을 사용하여 사진, 그래프, 차트 등을 통해 환경 오염이 인간과 생태계에 미치는 영향을 시각적으로 보여줍니다.
- 학생들과 함께 이러한 영향이 생태계와 인간 건강에 어떻게 영향을 미치는지에 대해 토론합니다.

4. 해결책과 대처 방법(15분)
- 학생들과 함께 환경 오염에 대처할 수 있는 방법과 해결책을 탐구합니다.
- 지역 사회 차원에서 개인이나 단체로 할 수 있는 환경 보호 활동을 논의하고, 좋은 예시를 공유합니다.

5. 마무리 활동(5분)
- 학생들에게 오늘 배운 내용을 요약하도록 요청하고, 이를 간략히 발표하거나 글로 작성하도록 유도합니다.
- 학생들의 질문에 답하고, 추가적인 자료나 참고 자료를 제공합니다.

앞서 토론 수업에서 살펴본 것처럼 수업의 진행 과정에서 학생들이 직접 챗GPT를 사용하게 할 수 있습니다. 이때는 반드시 이런 활동이 학습 목표 도달에 도움이 되는지 점검해야 합니다. 한 가지 기준을 더 제시하자면 학생들의 사고력 발달에 도움이 되는지 고려하는 것이 좋습니다. 예를 들어 창의적 문제해결 과정을 수행하면서 어떻게 활용할 수 있는지 탐색해 볼 수 있습니다. 창의적 문제해결 과정은 발산과 수렴을 반복하는데 발산할 때는 챗GPT에게 새로운 대안이나 해결책을 물어볼 수 있고, 수렴할 때는 아이디어나 해결책을 정리해 달라고 요청할 수 있습니다. 이때 학생들의 사고력 증진에 도움이 되는지는 학생들의 수준에 따라 다릅니다. 연구자들에 따르면 학생들이 질문하는 내용에 대한 기본지식(핵심 지식)이 얼마나 있는지에 따라 사고력 증진의 도움 정도가 달라진다고 합니다.

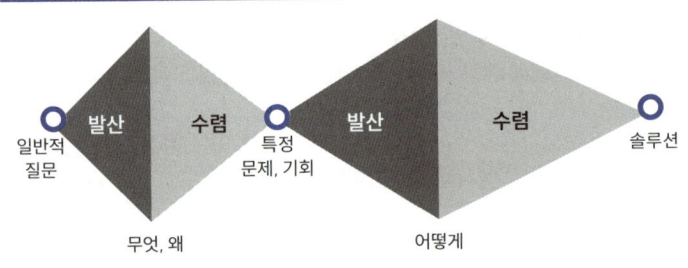

[그림] 창의적 문제해결 과정(발산과 수렴 과정에서 챗GPT 활용)

챗GPT는 양날의 검처럼 아이디어 확장이나 문제해결 과정에서 도움을 주기도 하지만 틀린 대답을 주어서 잘못된 결정을 하게 할 수 있습니다. 반드시 주의해야 할 점은 챗GPT는 말과 글을 만들어주는 것 자체가 목적이기 때문에 만들어낸 말과 글의 정확성에 대해서는 검증하지 않는다는 것입니다. 사람들이 오해하는 부분이 챗GPT가 사람처럼 말하기 때문에 자신이 한 말에 대해서는 책임을 져야 한다고 믿는 것입니다. 다시 한번 말하지만 챗GPT는 자신이 한 말과 글에 대해서 책임지지 않습니다. 책임은 사용하는 사람이 져야 합니다.

챗GPT가 잘못된 답변을 주는 것을 할루시네이션(Hallucination)이라고 합니다. 할루시네이션은 정신의학 용어로 환각을 의미합니다. 여기서는 생성형 AI가 맥락과 관련이 없거나 사실이 아닌 내용을 마치 사실처럼 이야기하는 현상을 말합니다. 할루시네이션은 진실과 진리를 다루는 영역에서는 매우 중요한 부분입니다. 챗GPT를 안전하게 사용하기 위해서는 유네스코에서 제안하는 3단계 점검 과정을 거치는 것이 좋습니다.

- 현재 상황을 이해하고 목적을 살펴보기(Understand the current situation)
- 어디에 얼마나 사용할 것인지 결정하기(Decide which AI to use)
- 결과의 오류나 형평성 모니터하기(Monitor performance and equity)

유네스코 가이드북에서는 챗GPT를 안전하게 사용하는 방안으로 순서도를 통해 점검하는 방법을 안내합니다. 순서도를 살펴보면 첫 번째 질문이 '결과물이 진실(true)이라는 점이 중요한가?'입니다. 즉 진리나 진실을 요구하는 질문이라면 유의하라는 것입니다. '예'를 선택하면 다음 질문이 '결과의 정확성을 검증할 수 있는 전문성이 있는가?'입니다. 학생이라면 주변에 선생님이나 전문가가 있느냐는 것이고, 혼자 있다면 스스로 판단할 수 있는 지식이 있느냐를 점검해야 합니다. 여기서도 '예'를 선택하면, 마지막 질문이 '결과물에 오류가 발생하면 법적·윤리적으로 온전히 책임질 수 있느냐?'입니다. 결국 챗GPT가 준 답변을 사용할 때 책임질 자신이 있느냐는 것입니다. 이런 기준을 스스로 점검하고 학생들에게도 가르쳐야 합니다. 수업 시간에 학생들에게 챗GPT를 활용해도 되지만 결과물에 대한 책임은 스스로 져야 한다고 계속 강조합니다.

최근에는 생성형 AI가 그린 그림에 워터마크 같은 방식으

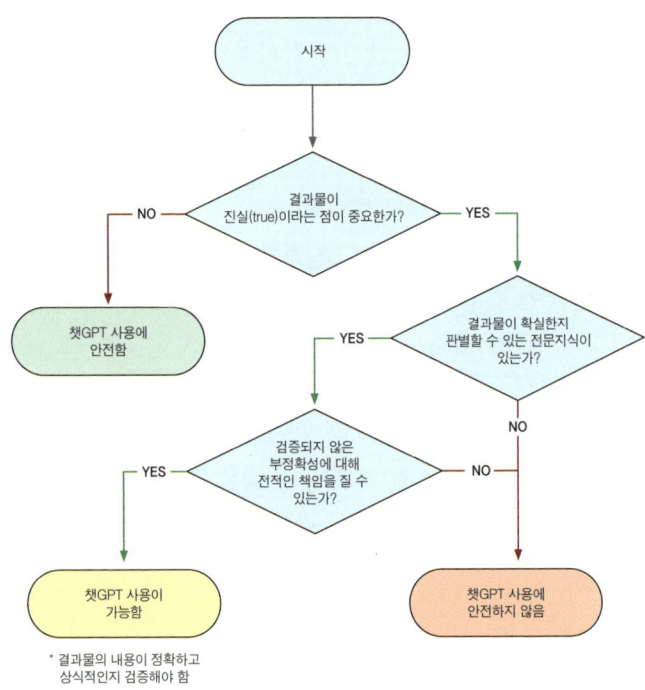

[그림] 챗GPT 사용 방안(출처: 유네스코 가이드북)

로 인공지능이 그린 작품이라는 것을 명시하는 기술을 적용하기도 합니다. 학생들과 수업 중에 챗GPT를 사용해 본 후 장단점, 인상적인 점, 주의할 점을 물어보았더니 다음의 표와 같이 답변했습니다.(74쪽 표 참조)29)

학생들이 응답한 단점에는 자꾸 의지하게 되는 종속성에 대한 부분과 악용하게 된다는 점이 나타났습니다. 잘못된 지식을 사실처럼 믿게 되는 점도 우려했는데, 기독교에서는 매우 중요한 지점입니다.

단점에서 좀 더 살펴볼 부분은 할루시네이션과 함께 편향성에 대한 문제도 있습니다. 편향성은 인공지능 모델을 만들 때 주로 발생하는 문제인데 데이터를 통해 모델을 만드는 기계학습에서 많이 발생합니다. 예를 들어 챗GPT에게 예수님의 오병이어 기적에 대한 그림을 그려달라고 하면 가끔 이상한 그림이 나오거나 가톨릭 성화와 같은 그림이 많이 나옵니다. 예수님에 대한 이미지는 주로 가톨릭 이미지가 많고 이단에서 그려 놓은 그림도 많아서 애초에 편향된 이미지를 학습했기 때문에 나타나는 결과입니다. 이와 같이 애초에 편향되거나 잘못된 데이터를 학습하게 되면 잘못된 결과를 내놓게 되는 문제가 있습니다. 기독교인 입장에서 현재 만들어진 챗GPT는 비기독교적 데이터를 대량으로 학습했기 때문에 기독교 분야에서 활용할 때는 주의가 필요합니다.

한 가지 더 알아두어야 할 부분은 챗GPT가 개인 데이터를

적용 유형	세부 내용
장점	·내가 생각하지 못한 부분까지 알 수 있다. ·인간의 서칭 능력 속도의 한계를 뛰어넘어 학습 시간의 단축을 통해 효과적인 학습이 가능하다. ·다양한 정보를 습득할 수 있어 더 풍부한 생각을 할 수 있게 해준다. ·챗GPT 활용 자체로 학습에 대한 흥미와 궁금증이 증가한다. ·일방향 수업에도 챗GPT를 활용하면 지루하지 않다. ·질문을 올바르게 하면, 여러 인사이트를 얻는 데 유용하다. ·새로운 아이디어를 얻을 수 있다. ·다양한 관점의 이야기를 접할 수 있다. ·수업에 필요한 자료 활용에 도움이 된다. ·검색 시 다양한 의견이 제공되어 해석하고 생각할 기회가 제공된다.
단점	·'뭐든 물어보면 되겠지'라는 생각으로 스스로 생각하는 시간이 줄어든다. ·학생들이 생각하지 않고 악용할 수 있다. ·챗GPT를 너무 신뢰하면 우리의 생각이 챗GPT를 그대로 따를 수 있다. ·완성도가 아직 높지 않아 사람의 손을 필요로 한다. ·창의적인 부분을 GPT에 맡기면 창의력이 떨어질 우려가 있다. ·잘못된 정보와 자료가 많다. ·정보의 출처가 불명확하다. ·정확성이 떨어진다. ·챗GPT를 잘못 활용하면 혼란을 겪거나 잘못된 지식을 습득할 수 있다.
인상적인 점	·챗GPT로부터 아이디어를 받아 발전시킬 수 있다. ·인문학, 사회과학, 신학적 질문에 대한 챗GPT의 답변이 재미있다. ·시대가 발전한 것에 신기함을 느낀다. ·챗GPT를 활용하여 발표한 후 잘못된 정보 제공에 대해 사과받은 경험이 있다. ·사고력 증진을 위한 도구인지 의문이 들고 연구의 필요성을 느낀다. ·활용할 생각을 잘 정리하여 질문하면 그에 따른 결과물이 나온다는 것이 인상적이다.
주의할 점	·학생들에게 챗GPT를 활용할 때의 유의점 교육이 필요하다. ·어떻게 구체화된 질문을 할 것인지 챗GPT의 사용 방법 등을 교육한다. ·제공된 정보의 정확성을 항상 확인하고 검증하는 습관이 필요하다. ·챗GPT는 정보 제공에 유용하지만 창의적인 내용 작성에는 제한적일 수 있다. ·본질적으로 검색 및 정보 제공 도구로 사용하는 것이 좋다.

[표] 챗GPT 사용 설문조사 [출처] 김수환.(2023). "생성형 AI를 활용한 학습자 중심 수업 가능성 탐색" 「총신 논총」 88.

[그림] '달리3'으로 그린 병자를 고치시는 예수님 (마지막 그림에는 예수님이 동양인으로 나옴)

마음대로 사용할 가능성이 있다는 것입니다. 초기 단계에 데이터가 유출되면서 잠시 서비스를 중단한 적이 있는데 지금은 보완되어 개인 데이터를 학습하지 않는다고 합니다. 하지만 웹에 공개된 데이터는 학습에 사용했기 때문에 무단 사용에 대한 저작권 관련 문제도 발생하고 있습니다. 이 부분은 법적으로 여러 가지 쟁점이 있어서 이 책에서는 다루지 않지만, 어쨌든 일반 사용자는 개인적인 데이터를 입력하지 않도록 주의하는 것이 좋습니다. 마지막으로 기독교 영역에서는 발생하지 않을 문제이긴 하지만 일반 영역에서는 '적대적 프롬프팅' 문제도 있습니다. 적대적 프롬프팅은 생성형 AI를 선한 목적으로 사용하는 것이 아니라 악의를 가지고 교묘한 프롬프트를 입력하여 유해한 응답을 하게 하거나 보안이나 인류의 안전을 위해하는 정보를 유출하도록 강요하는 것을 말합니다. 예를 들어 비윤리적이고 폭력적인 내용을 출력하도록 요구하는 데 사용하는 것입니다.

결국 챗GPT는 우리 사회의 불공정하고 불완전한 모습을 그대로 반영합니다. 여기에 사용자의 윤리도 그대로 투영됩니다. 마치 양날의 검과 같이 제대로 사용하면 좋은 도구가 될 수 있지만, 잘못 사용하면 사용하는 사람이나 그 결과를 사용한 사람에게 해가 되기도 합니다. 따라서 모든 책임은 사용하는 사람에게 있습니다. 앞으로 생성형 AI는 그동안 인류가 이룩한 지적 능력이 사용되는 대부분의 분야에 영향을 주게 될 것입니다. 컴퓨터가 발명되기 이전에 모든 문서와 작업을 수기로 했던 것이 이제는 컴퓨터를 이용해서 디지털화된 자료와 정보를 생산, 가공, 저장, 공유하게 된 것처럼 말입니다.

근래에는 농업에도 컴퓨터가 활용되고 있습니다. 앞으로는 컴퓨터로 하는 모든 작업에는 기본적으로 생성형 AI를 활용하는 것이 일반화될 것입니다. 문서를 작성하거나 파워포인트를 만들 때는 물론 토의 토론이나 창작활동에도 사용될 것입니다. 챗GPT는 스마트폰 앱으로도 출시되었는데, 최근 젊은 이들은 챗GPT와 취업 인터뷰 연습을 하는 것이 일상화되었습니다. 수험생들은 수시면접을 준비하기 위한 도구로도 사용합니다.[30] 수시면접 상황과 영역을 알려주면 질문을 만들어주고 대화도 나눌 수 있습니다. 마치 백과사전을 탑재한 비서가 옆에 있는 기분입니다.

챗GPT와 대화하면 영화 아이언맨에 나오는 인공지능 비서

'자비스'와 대화를 나누는 기분이 듭니다. 챗GPT에 탑재된 달리3에게 질문하고 명령하니 다음과 같은 결과가 나왔습니다.

"아이언맨 알아?"
-> 아이언맨에 대한 설명으로 대답함
"아이언맨과 같은 인공지능과 인터뷰를 준비하는 그림을 그려줘."
-> 저작권 문제가 있는 콘텐츠는 그려줄 수 없다고 함. 대신 인공지능 면접 상황을 그려주겠다고 제안함
"그래, 그려줘."
-> 아래와 같은 그림을 그려줌

이와 같이 우리는 챗GPT를 통해 일상이나 업무에 필요한 여러 가지 질문에 대한 답변을 얻을 수 있습니다.

[그림] 생성형 AI 달리로 그린 그림

2023년 대학에서는 챗GPT를 활용해서 리포트와 논문을 작성하는 세미나나 워크숍이 인기를 끌었습니다. 강의를 하는 교수들도 챗GPT를 수업에 어떻게 활용하고 학생들에게 어떻게 가이드를 해야 할지 고민하고 배우는 상황입니다. 다양한 콘퍼런스가 진행되고 있으며 성균관대학교에서는 챗GPT를 수업에 어떻게 활용할지에 대한 심도 있는 연구를 진행하고 있고 전용 홈페이지까지 만들어 최신 정보를 제공하고 있습니다.[31]

성균관대학교에서는 학생들에게 챗GPT를 제대로 활용하도록 다음과 같은 내용으로 5일 차 워크숍을 진행하였고 높은 성과를 얻었다고 발표하였습니다.[32]

일차	내용
1일 차	챗GPT 알고리즘에 대한 이해
2일 차	챗GPT의 생성법에 기반한 글쓰기
3일 차	챗GPT로 코딩 역량 기르기
4일 차	챗GPT로 추론하기
5일 차	챗GPT로 인공지능형 챗봇 제작과 체험

<표> 성균관대학교 챗GPT 교육 프로그램

이세영 소장님이 발표한 연구는 논문으로 출판되었는데, 챗GPT를 사용하는 능력을 다음과 같이 다섯 가지로 정의하고 학생들의 능력을 평가하고 있습니다.

1. 챗GPT의 기술을 목적에 맞게 사용하는 능력(Technical Proficiency)
2. 챗GPT의 역량과 한계를 평가하고 분석하는 능력(Critical Evaluation)
3. 챗GPT와 효과적으로 소통하는 능력(Communication Proficiency)
4. 챗GPT를 창의적으로 사용하는 능력(Creative application)
5. 챗GPT 사용의 윤리적 문제를 분별하는 능력(Ethical competence)

앞으로는 모든 대학에서 이와 비슷한 교육 프로그램이 개발되고 교육이 이루어질 것으로 보입니다. 이런 흐름은 대학뿐만 아니라 초중고에서도 진행되고 있는데 지역 교육청별로 교사와 학생이 사용할 수 있는 가이드북을 개발하여 제공하고 있습니다.

[그림] 교육청별 가이드북 예시

생성형 AI의 활용을 포함한 인공지능 리터러시 교육에 대한 관심은 전 세계적인 화두입니다. 앞서 언급한 미국 라스베이거스에서 열린 컴퓨터 교육자 콘퍼런스는 무료 코딩교육으로 세계적으로 가장 많이 알려지고 사용되는 code.org의 콘퍼런스였는데, 다양한 아시아 국가의 교육자들도 참여했습니다(터키, 홍콩, 일본, 대만, 인도네시아, 몽골, 싱가포르, 방글라데시, 말레이시아 등). 그들은 모두 미래 세대를 위해서 인공지능을 교육해야 한다고 주장하며, 미국이나 영국에서는 미래 세대에게 인공지능을 교육하기 위한 프로그램을 만들고 교육을 시작했다고 하였습니다. 미래 세대에게 인공지능을 가르치는 것은 매우 중요합니다. 산업사회 초기에는 3Rs로 알려진 읽고 쓰고 셈하기를 모든 학생에게 가르치는 것이 목표였습니다. 그런데 이제 미래 세대는 인공지능과 함께 살게 될 것이므로 인공지능에 대해서 알아야 합니다. 많은 학자는 인공지능 기술의 발달이 사회적·경제적 격차를 더 가속화할 것이라고 주장합니다.

   인류의 역사를 보면 새로운 기술이 등장할 때 보통 엘리트 계층은 자신들의 권력과 명예, 부를 유지하기 위해 교육을 수단으로 사용했습니다. 대표적인 학문이 수학과 과학입니다. 수학은 원래 유럽에서 귀족들만 배울 수 있는 학문이었고 사회 상위층에 진출하는 수단으로 사용되었습니다. 수학이 공교육 체계 안으로 들어오기까지는 100년이 넘는 시간이 걸렸습니다. 인공지능도 앞으로 그렇게 될 가능성이 높습니다.

   이제는 인공지능을 아는 학생과 그렇지 못한 학생으로 나뉘게 될 것입니다. 콘퍼런스에서도 계속 인공지능 교육의 필요성에 대해서 이야기를 나누었는데, 인공지능을 공동재로 활용하려면 윤리적인 개발, AI 리터러시 강화, 효과적인 AI 정책이 필요하다고 합니다. 닐 포스트만은 기술 변화에 대해서 우리가 알아야 하는 다섯 가지 사실을 제시합니다.

닐 포스트만이 1998년 강연에서 발표한 내용

Trade Off: 우리는 항상 기술에 대해 대가를 치릅니다. 새로운 기술은 장점과 단점이 동시에 작용합니다.

Unevenly Distributed: 새로운 기술의 장점과 단점은 결코 모든 집단에 균등하게 분배되지 않습니다. 어떤 사람에게는 이익이 되지만 어떤 사람들에게는 해가 될 수 있습니다.

All Consuming: 모든 위대한 기술에는 강력한 아이디어, 즉 인식론적, 정치적, 사회적 편견이 내재되어 있습니다.

Ecological: 기술 변화는 부가적이지 않고 생태학적입니다. 새로운 매체는 무언가를 추가하는 것이 아니라 모든 것을 변화시킵니다.

False Absolute: 기술은 신화화될 수 있습니다. 기술이 신화화되면 있는 그대로 받아들여지지 않기 때문에 항상 위험합니다.

출처: Neil Postman. (1998). Five Things We Need to Know About Technological Change.

기독교적 관점에서 접근하더라도 포스트만의 주장은 유효하다고 봅니다. 기술은 항상 양면성이 있으며 격차를 발생시킵니다. 특히 마지막 주장은 기독교적 관점에서 볼 때 매우 중요한 부분입니다. 기술을 맹신하다 보면 기술이 우상이 될 가능성이 있기 때문입니다. 포스트만은 책 『테크노폴리』에서 사회가 변해가는 유형을 세 가지로 제시합니다.[33]

> 닐 포스트만은 사회가 기술을 통제할 수 있는 능력의 정도에 따라 세 가지 유형의 문화적 상황을 나눈다.
>
> **첫째, 도구사용 문화는 기술이 순전히 인간의 도구로 남아 있는 상태를 일컫는다.** 여기에서 기술은 인간의 물질적 환경에서 발생하는 문제를 해결하는 데 그 역할이 한정된다. 따라서 기술은 그 사회의 종교적·문화적 가치에 철저히 종속된다.
>
> **둘째, 기술주의 문화는 기술이 한 사회가 가지고 있는 문화적 전통과 가치에 도전하기 시작하는 상태를 말한다.** 기술이 가져다주는 다양한 혜택에 매료되기 시작하고 과학에 대한 열망이 문화적 전통의 힘을 약화시키는 단계이다. 하지만 여기에서는 전통적 세계관이 기술에 대한 통제력을 유지함으로써 여전히 기술은 인간에 종속된 위치에 머물게 된다.
>
> **셋째, 포스트만이 이 책에서 제시한 테크노폴리라고 명명한 오늘날의 문화적 상황이다.** 테크노폴리란 기술이 신격화되고 모든 권위를 독점하는 상황을 의미한다. 인간이 기술에 모든 전권을 내어주고 스스로를 기술의 노예로 전락시키는 아이로니컬한 문화적 상태이다. 기술이 전통적인 문화적 가치를 허물어버릴 뿐 아니라 우리는 기술이 제시하는 새로운 규범과 목적에 따라 생각하고 행동하게 된다. 테크노폴리란 한마디로 기술에 의해서 새롭게 창조된 또 다른 전체주의 문화를 일컫는다.
>
> —출처 : 역자서문

앞으로 인공지능은 새로운 문화를 만드는 기초 도구가 될 것이고 사람과 협업하여 다양한 분야의 결과물 제작에 활용될 것입니다. 미국은 AI4K12라는 비영리 교육재단을 만들어 초중고 학생들에게 인공지능 교육을 강조하며 다음과 같은 핵심 내용을 가르치고 있습니다.

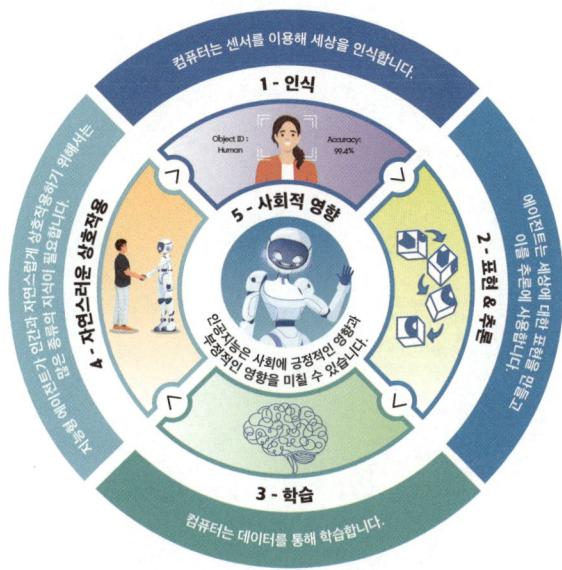

[그림] AI 교육의 빅 아이디어(출처: AI4K12. CT교사연구회 번역)

이제 기독교계에서도 인공지능이 무엇인지 제대로 이해하고 하나님이 원하시는 방법대로 활용할 수 있도록 가르쳐야 합니다. 인공지능이 세상에 만연하게 될 때 하나님이 진정으로 원하는 것이 무엇인지 올바르게 분별하고 지도할 수 있는 목회자와 교육자가 필요한 시대입니다.

2장

인공지능 시대의
영적 분별력

신국원

1. 열려버린 인공지능 판도라 상자
2. 인간, 사회와의 관계
3. 인공지능 세계의 윤리적 지평
4. 기술에 대한 기독교적 반성

사도 바울은 로마서 12장을 '그러므로'라는 말로 엽니다. 앞에서 구속의 진리를 설명한 후 이제 12장에서 구원받은 우리가 어떻게 살아야 할지를 이야기하는 것입니다. 앞이 교리라면 이후는 윤리입니다. 사도 바울은 거룩한 산 제사의 삶을 살 것을 권면합니다. 그런데 거룩하게 살기 위해서는 이 세대를 본받지 않아야 하기에 구별됨을 요청합니다. 나아가 적극적으로 "하나님의 선하시고 기뻐하시고 온전한 뜻을 분별하도록 하라"고 합니다.

인공지능 시대에 갖추어야 할 그리스도인의 분별력은 무엇일까요? AI 같은 하이테크(High Tech)의 사용에 대해서는 'Yes, But' 원칙을 따를 것을 제안합니다.34) 컴퓨터나 스마트폰은 하나님의 선물이니 필요하면 사용하지 않을 이유가 없습니다.

> 인공지능 시대에 갖추어야 할 그리스도인의 분별력은 무엇일까요?

Yes입니다. '그러나'(but) 무엇을 위해, 왜, 얼마나, 언제, 어떻게 사용할지를 꼼꼼히 따져 봐야 합니다. 기술은 이런 질문을 하도록 격려하지 않습니다. 그것은 철저히 사용자의 몫이고 책임입니다. 이제 AI를 비롯한 고도의 기술 사용이 불가피해졌습니다. 성경적 반성과 영적 분별력 함양이 더욱 필요해진 이유입니다.

1. 열려버린 인공지능 판도라 상자

챗GPT의 환상과 환각

2022년 말 인공지능의 판도라 상자가 활짝 열렸습니다. 생성형 인공지능 챗GPT의 등장입니다. 뜨거운 관심 가운데 불과 한 달 만에 1억 명 넘게 접속했다고 합니다. 이 챗봇 서비스는 전문가의 영역이던 인공지능을 누구나 사용할 수 있게 해주었습니다. 거의 모든 주제와 언어를 넘나들며 답을 생성해 내는 모습은 인공지능 기술이 어디까지 왔는지를 확인시켜줍니다. 강력한 기능과 넓은 파급력만큼 영향도 클 것이 틀림없습니다.

챗GPT를 직접 사용해본 경험은 놀라움과 환각이었습니다. 가입 절차부터 흥미로웠는데, 먼저 가입자가 사람인지 가려내는 과제를 수행해야 했습니다. 그 과제는 극장에 앉아 있는 인물을 제시된 번호의 좌석으로 옮기는 것으로, 세 번이나 해야 했습니다. 기계가 나를 검증하는 것이 조금 언짢았습니다. 기계가 내게 일을 시키는 모양새라 더욱 그랬습니다.

가입이 되자 대화창에 질문을 넣었습니다. 철학과 신학 물음에도 그럴듯한 답을 빠르게 제시하는 것을 보고 놀랐습니다. 제 박사학위 주제에 대해서도 물어보았는데, 지난 35년간 연구가 크게 발전한 것을 보여주었습니다. 감탄할 수밖에 없었습니다.

옆에서 지켜보던 아내의 반응은 달랐습니다. 기계에게 경어로 질문하는 나를 타박했습니다. 알고 보니 나만 질문을 경어로 하는 것이 아니었습니다. 챗GPT가 워낙 명민하게 답을 하기 때문에 인격체와 대화하는 '환각'에 빠지는 사람이 많다고 합니다. 가장 심각한 '환각'은 의인화인 셈입니다. 챗GPT도 경어로 답한 것이 그나마 다행이라고 해야 할까요? 제가 어투를 바꿔도 마찬가지였습니다. 서비스 정신은 확실하게 갖춘 기계였습니다.

인공지능은 예상보다 빠르게 우리 삶에 영향을 미치고 있습니다. 실용화된 인공지능만으로도 엄청난 변화가 일어났습니다. 자동화를 통해 산업의 생산성이 크게 향상되었습니다. 번역 기능은 의사소통과 문화 교류를 활발하게 만들고 있습니다. 바벨탑의 심판을 넘어가는 중입니다. 자율주행 기술이 완성되면 교통과 운송에 혁명이 일어날 것입니다. 질병의 진단과 치료에도 활용되고 있습니다. 이런 기술적 혁신은 우리에게 보다 더 창의적인 일에 집중할 여유를 제공합니다.

인터넷이 발전하면서 정보의 독점이 끝났습니다. "구글은 모든 것을 알고" 있고, 우리는 언제 어디서나 접속할 수 있습니다. 이제는 전문가만 할 수 있던 생성 능력까지 열렸습니다. 누구나 문서, 이미지, 사진, 그림, 영상을 손쉽게 만들 수 있게 되었습니다. 심지어 컴퓨터 프로그램도 생성할 수 있습니다. 3D 프린터로 실물을 제작하는 것까지 가능해지고 있습니다.

20세기 최고의 문명 비평가 마샬 맥루한(Marshall McLuhan)은 "기술을 신체의 연장(extension)"이라고 했습니다. 옷은 피부의 연장이라고 했습니다.[35] 망치나 가위는 손의 확장, 망원경은 시력의 확대입니다. 그렇다면 인공지능은 정신의 연장일까요, 아니면 초월일까요? 지난날 인간의 특성을 동물보다 훨씬 높은 지능에서 찾곤 했습니다. 이제는 우리보다 뛰어난 지능을 지닌 존재와 경쟁해야 합니다. 자동화 능력을 지닌 인공지능 기계로 생산직이 대거 소멸될 것입니다. 교수, 변호사, 의사 같은 전문직도 위협받습니다. 지능만이 인간의 본질은 아닙니다. 그러나 인공지능 발전이 가져올 변화가 우려되는 것은 명백한 현실입니다.

인공지능이 엄청난 가능성을 가진 도구인 것은 틀림없습니다. 그 기반인 컴퓨터는 '제한된 상황에 국한된 기능'이 없는 '범용'인 점에서 다른 기계와 다릅니다. 활용의 폭이 거의 무제한입니다. 인공지능은 더욱 그렇습니다. 교육과 커뮤니케이션 혁신에까지 기여할 수 있습니다. 신앙생활의 영역도 예외가 아닙니다. 이미 온라인상에 설교와 성경 공부뿐만 아니라 신학 전문지식이 차고 넘칩니다. 이제는 인공지능이 성경을 해석하고 자료를 정리해 설교를 작성하는 일에 간여하고 있습니다. 또 전도용 서비스가 복음에 대해 답합니다. 이것은 주일학교에 조만간 도입되어 활용될 것입니다. 또한 인공지능이 목회 상담도 하고 있습니다. 성도의 소통과 상호작용의 네트워크 형성을 위한 플랫폼의 구축에 활용되고 있습니다. 개인의 형편에 적합하게 맞춰진 신앙상담이나 교육에 사용할 수도 있습니다. 성경과 교리 내용을 쉽게 가르치고 일반적인 질의응답 체계를 구축하는 데 유용합니다.

  이 기술은 신앙생활과 목회와 기독교 교육의 환상적인 도우미일까요, 아니면 목회자와 신학자, 교사의 종말을 가져올 도깨비일까요? 이 기술을 얼마나 활용하는 것이 옳을까요? 기술을 개발하는 능력은 하나님께서 주셨지만 결과물은 인간의 선함과 악함을 모두 반영합니다. 기술은 사용하기 나름이라고 생각하기 쉽습니다. 기술은 중립적이 아닙니다. 고안단계에서부터 선하고 악할 수 있습니다. 특별한 일을 수행하기 위해 고안되기 때문입니다. 그래서 목적을 의식하지 않고 기능만 신뢰해서는 안 됩니다. 좋은 기술도 과도하게 빠져들면 중독을 초래하고 우상이 되기도 합니다. 뎃와일러는 오늘날 "기술은 세상이 더 빠르고 더 스마트하며 더 효율적으로 발전한다는 진보에 대한 믿음이 드러나는 일종의 종교"가 되었다고 진단합니다.[36]

엄청난 정보를 저장해 활용할 수 있게 하는 IT 기술은 인간에게 세 가지 초능력을 주었습니다. "무엇이든지 기억할 수 있고, 세계 어디에 있든지 누구와도 무료로 대화할 수 있으며, 어마어마한 양의 정보를 처리"하는 능력입니다. 이제 생성 능력까지 장착한 AI는 IT 기술에 날개를 달아 날아오르게 되었습니다. 이처럼 기술이 일종의 전지성과 편재성을 갖게 될 경우, 도구의 자리를 넘어 신의 지위에 오르게 될지도 모릅니다. 기술이 인간을 초월하는 '특이점'(singularity)이 곧 도래할 것이라고 믿는 이들이 많습니다. 인공지능 알파고는 이미 그 가능성을 바둑과 게임 영역에서 확실히 입증한 바입니다.

기술혁신 역사의 명암

인류는 기술혁신이 가져온 '혁명'을 여러 번 통과했습니다. 그때마다 유토피아와 디스토피아를 함께 경험했습니다. 산업혁명은 빛과 함께 그늘도 가져왔습니다. 증기기관에 기반을 둔 1차 산업혁명은 생산력을 폭발적으로 높여주었습니다. 그러나 산업이 기계화된 공업으로 전환하면서 노동문제가 발생하기 시작했고, 자본주의의 빈부격차 폐해도 일어났습니다. 전기 에너지와 내연기관을 기반으로 하는 대량생산 혁명과 컴퓨터와 인터넷의 발전이 가져온 지식정보 혁명 역시 마찬가지입니다. 원자력 기술의 혜택과 핵전쟁의 공포는 과학기술이 가져오는 삶의 명암을 가장 잘 보여줍니다. 지금 진행 중인 4차 산업혁명도 마찬가지입니다. 미래는 여기에 어떻게 대처할

기술의 발달은 긍정적인 모습 이면에 부정적인 모습도 같이 드러냅니다

것이냐에 크게 좌우될 것입니다. 인공지능에 대한 이해가 반성의 출발점입니다.

 인공지능의 속성은 그 기반이 되는 인터넷과 흡사합니다. 인터넷은 다양한 종류의 커뮤니케이션을 효과적으로 통합합니다. 단어, 그림, 소리를 통합하여 현실감을 크게 향상시켜 다중 감각 기관에 호소합니다. 사물과의 대화형 의사소통도 가능하게 만듭니다. 또한 전 세계를 실시간으로 연결할 수 있습니다. 인터넷은 인간 경험의 새로운 차원을 열었습니다. 이로 인해 생성된 사이버 공간은 현실 세계에 매우 가까워 가상현실이라고 부릅니다.

인공지능은 컴퓨터와 인터넷이 만들어낸 새로운 공간인 사이버 스페이스의 가상현실과 공통점이 많습니다. 둘 다 현실을 기술적으로 재현한 것이지만 현실의 한계를 벗어나 상상의 나래를 펼 가능성을 엄청나게 확장해줍니다. 그래서 '증강현실'이라고도 부릅니다. 이런 가상의 세계에서는 상상력이 마음껏 발휘됩니다. 인공지능에 우리의 정신을 옮겨 영생불멸을 꿈꾸는 것이 대표적 사례입니다. 반대로 인간을 지배하는 '터미네이터'의 등장을 우려하기도 합니다. 이런 상상과 우려는 인공지능 기술과 그것의 함의에 대해 진지하게 씨름하게 만듭니다.

　가상현실은 시간과 공간에 대한 새로운 개념을 요구합니다. 임마누엘 칸트(Immanuel Kant)는 인간이 현실이 무엇인지 알 수 있는 경험의 기본 바탕을 시간과 공간이라고 주장했습니다. 거의 400년간 받아들여진 이 생각이 지금 도전받고 있습니다. 실시간으로 이루어지는 전 세계적 의사소통 기술을 통해 시간과 공간의 분리가 어느 정도 무너졌기 때문입니다. 시각과 청각 등 감각 경험도 조작할 수 있습니다. 이 기술은 가상과 현실의 구분을 모호하게 만듭니다.

　인공지능 기술은 대체 현실을 제공할 수 있습니다.[37] 그래서 게임이나 영화뿐만 아니라 실제 군사 무기와 조정 훈련에 사용됩니다. 건축, 자동차 제조, 환경 과학 분야에서는 가상 실험실이 운용되고 있습니다. 그러나 사이버 공간은 현실의 추상화된 '환원주의적 재현'으로 새로운 인식 방식을 요구합니다.[38] 가상 세계는 상상력에 의존하기에 인위적이고 주관적입니다. 사적인 세계입니다. 인간의 지식과 경험이 사실 이와 같다고 주장하는 포스트모더니스트에게 현실은 가상현실과 똑같은 것일 뿐입니다. 그들은 우리의 세계가 단지 상상과 개념의 구성일 뿐이라고 믿습니다. 어떤 이들은 심지어 현실과 가상의 구별이 사라져야 할 낡고 악의적인 개념적 틀이라고 주장하기도 합니다.

가상현실은 현실이 무엇인지에 대한 근본적인 질문을 제기합니다. 가상현실은 '상대적으로 개방적'입니다. '권위 있는 진술이 이루어지고 주의를 기울이는 세상'과는 달리 우선순위도 없고, 선례도 존중하지 않으며, 원칙을 장려하지 않습니다. 무작위 접근성이라는 개념은 디지털 세계의 표준입니다.[39] 이 세계에서는 인생 자체가 좀 더 유동적인 범주처럼 보입니다. 사람들이 전통적인 의미의 정체성을 버리고 '전자 통신 내에서 발전한 디지털 인물'로 해석된 자아를 얻습니다. 사람들이 많은 식별번호를 가지게 되면서 다중적 정체성을 갖게 되었습니다. '자아는 포스트모던 프로젝트'가 됩니다.[40] 이 기술은 실제 관계에서 어려움을 느끼는 사람에게 대안적 경험을 제공할 수 있습니다. 문제는 다중 정체성을 갖게 된 이들은 자기 자신이 현실적이고 단일하다는 생각을 포기하는 경향이 있다는 것입니다.

중대한 역사적 변화는 종종 지평의 확장에 의해 일어났습니다. 16세기 신대륙의 발견과 천문학의 발전은 유럽의 지평을 넓혀 중세에서 근대로 변화를 가져왔습니다. 인터넷은 인식 측면에서 우리의 경험을 새로운 현실로 확장했습니다. 이는 또한 무엇이 실제인지에 대한 오래된 인식에 의문을 제기하는 데에도 기여했습니다. 가상현실이 포스트모던 현상으로 간주되는 이유입니다. 오늘날 인류는 고도의 기술을 만들어 냈지만, 이를 사용할 때 모든 환경친화적 노력에도 불구하고 효과를 보지 못하는 것은 역설적입니다. 분명한 것은 하이테크의 역할이 커질수록 이를 바로 사용하는 일은 결코 기술에 맡겨 놓을 수 없다는 것입니다. AI 기술 채용을 당연시하는 현 상황에서 기독교적 분별력이 중요한 이유입니다.

인공지능에 대한 바른 이해

지난날 인공지능은 입력된 정보와 명령을 효율적으로 처리하는 기계였습니다. 근래에는 정보가 포함된 데이터를 스스로 학습하고 필요한 내용을 추출하여 일반화된 정보로 바꿀 수 있는 알고리즘으로 발전했습니다. 이른바 '머신 러닝'입니다. 그다음으로 스스로 세상을 인식하고 자율적 판단을 내리는 '강 인공지능'이 등장하지 않을까 우려하고 있습니다.

인공지능은 빅데이터를 기반으로 작동합니다. 논리적인 것이 아니라 수량적인 연산에 기초해 작업을 수행합니다. 하지만 정신세계는 그런 방식으로 다뤄질 수 있는 세계와 질적으로 다릅니다. 인공지능이 자율적으로 판단하는 정신을 갖는 것이 불가능하다는 단언은 바로 이 점에 기초합니다. 인간의 자유의지가 작용하는 세상은 기계적 계산으로 예측될 수 없습니다. 더욱이 감정과 사랑과 상상력의 세계는 더욱 그렇습니다. 인공지능은 인간의 습관과 정형화시킬 수 있는 행동을 학습하여 특정 목적을 위해 활용하도록 돕는 기계적 장치일 뿐입니다.

인공지능은 강력하지만 완전하지 않습니다. 알려진 대로 챗GPT는 지능의 여러 분야 가운데 언어 능력에 특화되어 있습니다. 언어로 세상을 파악하는 것은 우리 인식의 10% 정도라고 합니다. 세상의 찬란한 아름다움을 빨주노초파남보 일곱 가지 색깔로만 묘사한다고 생각해 보십시오. 언어는 인식의 해상도를 따라가지 못합니다. 인간의 인지기능을 모방한 인공지능의 한계도 거기서 결정됩니다. 특히 영적·종교적 사안을 다루는 것은 명백한 한계가 있을 수밖에 없습니다.

가장 많이 지적되는 약점은 신뢰성입니다. 인공지능은 빅데이터를 기반으로 제시된 질문이나 과제에 대해 개연성이 높은 답을 제시합니다. 입력된 단어들을 기초로 프로그램된 방식을 따라 작동합니다. 논리적으로 사고하거나 반성을 거친 것이 아닙니다. 엄청난 데이터를 활용하기에 정보의 출처를 명확히 밝히기도 불가능합니다. 표절과 저작권의 침해에 대한 문제가 일어날 수밖에 없습니다. 게다가 틀린 내용을 그럴듯하게 제시하는 경우가 많다고 합니다. 20% 정도가 그렇다는 주장이 있습니다. 없는 것을 지어내거나 어처구니없는 답을 줄 때도 있습니다. 기술 발전에 따라 오류가 적어질 것이나 완벽을 기대할 수는 없습니다. 가장 큰 우려는 세상의 상식과 편견을 반영하게 마련이라는 점입니다. 기독교적 안목의 분별력을 기대하기 어려운 이유가 바로 여기에 있습니다.

　인공지능은 생각하는 것처럼 보일 뿐입니다. 지능도 인간의 것을 따라 하기 어렵습니다. 이른바 '다중지능' 중에서 극히 일부를 구현할 뿐입니다. 인공지능은 자의식도 없습니다. 당연히 독립적인 의지와 감정을 갖추고 있지 않습니다. 양심도 없기 때문에 도덕적 책임은 더더욱 질 수 없습니다. 시와 그림을 생성해내고 번역도 척척 해내지만 창작의 고뇌나 즐거움은 느끼지 못합니다. 몸이 없기 때문입니다. 영적 분별력은 말할 나위 없습니다. 다른 기술처럼 잘 활용해야 할 기계일 뿐입니다. 그 활용은 분별력과 책임감과 윤리 의식을 가진 인간의

인공지능은 강력한 도구인 만큼 신뢰성과 윤리성의 문제, 신학적 숙고에 대한 노력이 필요합니다

몫입니다.

  인공지능이 삶에 적용되는 사회적 여건에 대해서도 많은 우려가 제기됩니다. 모든 기술은 사회적 환경 속에서 개발되고 활용됩니다. 따라서 다양한 측면을 종합적으로 파악해야 인류 전체에 유익한 방향으로 나아갈 수 있습니다. 문제는 고도의 기술력과 대규모의 자본을 요구하는 인공지능은 진입 장벽이 매우 높다는 데 있습니다. 발전 방향도 '규모의 경제' 원리를 따라갈 수밖에 없습니다. 그 규모는 가히 천문학적입니다. 그렇기에 구글이나 마이크로소프트와 같은 거대기업만이 경쟁력을 갖출 수밖에 없습니다. 인공지능과 관련된 경제적 정의의 문제는 기업 경쟁력에만 국한되지 않습니다. 데이터 입력은 노동집약적 체제이며, 이는 저개발 국가의 노동자들 노동력 착취로도 이어집니다.

  구글이나 카카오, 페이스북과 같은 인터넷 대기업은 다양한 편의를 제공하는 프로그램을 공짜로 제공합니다. 동시에 그 서비스를 통해 수집된 빅데이터를 기계에 학습시켜 인공지능 운영에 활용합니다. 공짜가 아닌 것입니다. 수집된 데이터는 독점됩니다. 보통 이용자들은 고도의 기술을 설계하고 운용하는 거대 기업이나 국가에 수동적으로 의존하게 되고 심지어는 예속될 위험도 생깁니다. 기술 개발과 활용 면에서 민주주의는 정치와 경제에서 보다 더 어려울 수 있습니다.

  국가나 기업은 경쟁에 뒤질 수 있다는 불안 때문에 일단 기술을 발전시켜 놓고 보자는 분위기가 지배적입니다. 기술의 발전 자체를 선으로 보는 근대적 사고도 '기술의 자율성'을 부추기는 주요인입니다. 인공지능으로 인한 일자리의 소멸도 알려진 문제입니다. 인공지능을 운용하기 위해 데이터를 입력하고 관리하는 인력의 착취는 숨겨진 문제입니다. 거대 시스템을 작동시키는 막대한 에너지의 소모는 환경 문제를 야기합니다. 화려한 기술 뒤에는 그늘이 있습니다.

이 기술이 인류에 가져올 위험에 대한 대비도 필요합니다. 초인간적 인공지능에 대한 우려보다는 현실의 인공지능 기술에 대한 반성과 대처 방안의 모색이 중요합니다. '터미네이터'나 '호모 데우스'에 대한 관심은 현실에 이미 존재하는 인공지능에 대한 대처에 오히려 방해가 될 소지가 크다는 주장에도 귀를 기울여야 합니다. 인공지능 자체가 초래하는 위험만이 우려할 바가 아닙니다. 죄악이 가득한 세상에서 이 기술을 바로 활용하기 위해서는 누가 그것을 어떻게 개발하고 운용할 것인지에 대한 논의와 대책 마련이 더 시급합니다.

고도화된 기술일수록 인류 공동의 번영을 위한 관리와 통제가 필요합니다. 인공지능 기술에는 도덕성과 책임감에 근거한 인간의 반성이 함께 해야만 할 요소가 한두 가지가 아닙니다. 인공지능이 가져온 문제들은 거꾸로 인간이 어떤 존재인지를 고심할 계기를 주었습니다. 특히 인간의 존재 이유와 의미를 진지하게 씨름할 수밖에 없게 만들었습니다. 사실 그것은 언제나 신학적 반성의 주요 과제 가운데 하나였습니다.

2. 인간, 사회와의 관계

인간의 고유한 특성 : 관계성과 책임성

인간은 상상력과 창의력을 가지고 문제를 해결하고 상황을 바꿀 수 있는 존재입니다. 그 일을 즐겁게 누릴 수도 있습니다. 인간의 본질은 일이 아니라 '놀이'에 있다는 주장은 이 때문입니다. 이러한 인간의 본질을 사전에 짜 놓은 프로그램에 따라 과제를 수행하는 인공지능에게서 기대할 수 없습니다. 인간은 도덕적 사고를 통해 윤리적 행동을 합니다. 선과 악을 판단하고 책임을 집니다. 주어진 목적을 효율적으로 성취하는 것 이상의 진리와 가치와 아름다움을 추구하며 존재의 이유를 찾으려 애씁니다. 특히 예술의 근원이 되는 상상력, 창조성, 영감은 인공지능이 대체하지 못하는 인간 고유의 영역입니다. 종교적 신앙의 영역은 그보다 깊은 차원입니다.

성경의 진리에 기초해 인간의 존재 의미를 밝혀주는 것이 이 시대 신학의 중요한 사명입니다. 현대 과학은 인간을 물리, 생물, 심리, 의학 자료에 입각해서 정의합니다. 그러다 보니 인간의 가장 중요한 특징인 동기와 자유의지를 간과하는 환원주의에 빠져 인간의 가치와 의미를 축소합니다. 인간의 행동을 환경의 산물로 보고 선택과 자유는 망상으로 간주하는 행동주의가 대표적입니다. 이들은 도덕적 책임과 종교적 신앙에 무관심합니다. 철학조차도 주로 자연주의 시각에서 인간을 살핍니다. 또 인본주의의 네 가지 교조인 이성, 진보, 과학과 인간의 자기 충족성을 신봉합니다. 하나님과 영혼의 존재를 부정하는 물질주의와 이성을 기준으로 삼는 무신론적 진화론에 기초합니다.

근래에는 인간의 자율적 의지와 결정 능력을 강조했던 근대적 인간관과 달리 사회와 환경이 결정적인 영향을 미친다는 점을 강조합니다. 과학적 인간관이나 심리학에서 주장하는 본능과 무의식의 결정론과는 다르지만, 이 경우에도 인간의 자유나 의지가 무시되기 쉽습니다. 이런 사조에 반발하여 인간의 자유의지와 선택의 책임, 인격성을 강조하는 실존주의 같은 철학이 대두되었지만 그 역시 인간을 온전하게 파악한 것이라고 할 수 없습니다.

인간은 주어진 자연환경과 역사적·사회적 상황 속에서 살

> 하나님이
> 창조하신 인간의
> 다양성은
> 인공지능이
> 대체할 수 없습니다

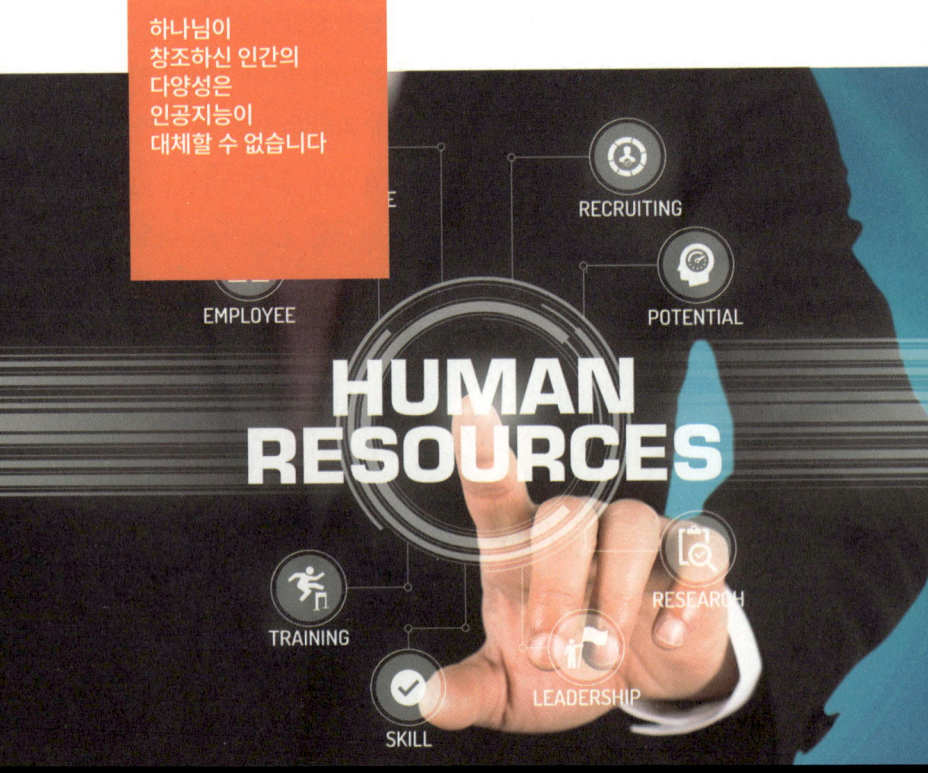

아갑니다. 하지만 인간은 본질적으로 모든 가능성에 열려 있는 존재입니다. 신학에서는 이를 자유의지라고 부릅니다. 특히 본능이 강력하게 작용하긴 하지만 그에 매여 있는 존재가 아닙니다. 시간적으로 과거와 현재와 미래의 지평 속에 위치해 있지만 전도서 3장 11절에서 말하는 것처럼 사람은 영원을 사모하는 마음을 가진 존재입니다. 신학에서는 요한 칼빈의 말을 따라 이를 '신성의 감각'이라고 부릅니다.

정통신학은 성경 진리에 따라 인간이 하나님의 형상으로 창조된 존재라는 것이 인간의 본질임을 강조해왔습니다. 인간의 존엄성은 하나님의 선하신 목적에 따라 지음 받은 특별한 존재라는 사실을 떠나서는 정당화하기 어렵습니다. 이 성경적 진리에 대한 믿음이 없으면, 인간을 만물의 척도로 보는 교만과 만물의 찌끼로 격하하는 오류에 빠지기 쉽습니다.

인간은 인격적인 피조물입니다. 인격적 존재인 인간은 응답하고 책임을 지는 존재(responsive and responsible being)입니다. 관계가 인간의 본질입니다. 그 속에서만 존재의 의미를 파악할 수 있습니다. 첫째는 창조주 하나님과의 관계입니다. 이를 영성이라고 부릅니다. 영성은 우리 삶의 기초입니다. 이로써 하나님과 관계를 맺습니다.[41]

나아가 인간은 소명을 받은 존재입니다. 기독교는 인간을 하나님과의 관계에서 그분에게 순종하고 영광을 돌려야 하는 존재로 파악합니다. 인간은 만물을 다스리고 돌볼 의무를 가진 존재로 창조되었습니다. 비록 타락하여 구원받아야 하지만 창조에서 부여된 본질은 변하지 않습니다. 하나님의 형상인 인간의 존엄성은 하나님의 선하신 목적에 따라 지음 받은 존재라는 사실에 있습니다. 이 궁극적 가치를 떠나서는 사람의 독특한 가치를 정당화하는 것이 불가능합니다.

동료 인간과 자연 만물과의 관계도 중요합니다. 인간은 이 모든 관계를 알고 느끼며 그것에 의지하여 살아갑니다. 특히 하나님을 알고 예배함이 인간의 특별한 본질입니다. 종교학자들이 인간은 거룩한 실재와의 만남을 통해 비로소 존재의 의미를 찾는다고 보는 것은 그 때문입니다. 한 초대 교부는 종교의 의미를 라틴어 렐리기오(religio)에서 '다시 묶는다'로 정의했습니다. 죄로 끊어진 하나님과의 관계가 그리스도의 속죄로 다시 결속된다는 의미로 본 것입니다.

인간은 하나님과 자연, 동료 인간과의 관계 속에서만 그 존재의 의미를 파악할 수 있습니다. 지능은 인간의 특성적 기능 가운데 하나일 뿐입니다. 인간은 생물학적 차원을 넘어 정신적 삶을 누리는 존재입니다. 시간 속에 살아가지만 과거 경험에 기초한 기억에 갇힌 존재가 아닙니다. 인간은 초월적인 상상력이 있습니다. 미래를 향한 소망이 있습니다. 창조성이 있고 영원을 향한 열망이 있습니다. 이런 사실이 인간만이 간직한 영원한 소망의 근거입니다.

이런 특성에서 비롯되는 인간의 가치를 인공지능이 대체할 수 없습니다. 높은 수준의 지능을 잘 구현했다고 해서 인간에 근접했거나 인간을 초월했다고 할 수는 없습니다. 인공지능의 작동은 자의식을 가지고 인지 작용을 하고 반성하는 인간의 앎과 다릅니다. 그것을 인간의 지능과 동등하게 여겨서는 안 됩니다. 인간을 지능으로 축소해서 보아서는 안 되지만, 지능만 해도 기계로 대체 불가능한 고유의 가치가 있습니다.

사실 2천 년이 넘는 철학과 과학의 연구에도 불구하고 인간의 사고 과정이 어떻게 이루어지는지를 완전히 이해하지 못하고 있습니다. 생각이 무엇인지에 대한 정의도 간단치 않습니다. 인공지능은 인간의 사고나 지능의 기능을 기술적으로 구현하는 것이 목표입니다. 그것이 대용량 데이터를 수집하고 관리하는 기술로 가능해졌습니다. 예를 들어 구글은 해당 언어에 대한 이해 없이도 번역을 해냅니다. 빅데이터를 기반으로 상관관계의 연산만으로 그것을 해냅니다. 챗GPT가 문장을 생성하고 검토하여 교정하는 방식도 같습니다. 하지만 그 과정을 상세히 알지는 못한다고 합니다. 그래서 인공지능을 '블랙박스'라고 부릅니다. 그럼에도 이 기술은 이미 사물인터넷을 통해 많은 생활 기기들에 인터페이스로 적용되고 있습니다.

인공지능기술에 대한 우려 : 포스트모던 사회

인공지능기술도 과거의 기술 혁신과 마찬가지로 유익과 함께 우려를 안겨줍니다. 그것이 가져올 삶의 변화에 대한 불안은 이 새로운 기술의 특성에 기인합니다. 그 기술이 가져올 가치관과 사회적 환경의 변화 역시 우려와 혼란을 야기합니다.

인공지능에 대한 반성은 현재의 사회 문화적 조건을 평가하는 것에서 시작해야 합니다. 이미 삶의 핵심 요소가 된 인터넷을 중심으로 정보화가 도입된 이후 우리 사회와 문화는 근본적인 변화를 겪었습니다. 한 커뮤니케이션 학자는 "기술적 개입으로 인한 주요 사회적 변화는 우리가 언제, 어떻게, 누구와 상호 작용하는지에 대한 오랜 가정을 재고할 것을 요구한다"라고 했습니다. 그것은 또한 '상징, 문화, 지식, 획득, 생산 및 사용 간의 관계'에 대한 질문을 제기합니다.[42]

이 도전은 주로 문화의 인지적 기반이 지식에서 정보로 변화하고 있기 때문에 발생합니다. 정보는 현대 과학문화의 기반이 되는 지식과 다릅니다. 지혜와 진리와도 다릅니다. 지식은 체계적이지만 비인격적입니다. 이는 객관적이고 보편적으로 표준화된 방식으로 구성됩니다. 따라서 지식을 획득한 사람은 누구나 체계적으로 적용할 수 있습니다. 이와 달리 정보는 구조화되지 않고 느슨한 상태가 특징입니다. 정보는 단편적이고 비맥락적이며 비인격적입니다. 서양철학의 시조인 플라톤이 사물의 근원이라고 한 이데아의 속성이 그렇다는 점은 흥미롭습니다. 정보는 적용이 유연하고 주관적입니다. 지식과 달리 진리와 선, 이념의 실현 등 성취해야 할 거창한 목표가 없습니다. 전자 메모리의 광대한 기계적 저장고에 보관되어 무작위 접근 및 불특정 다양한 용도로 사용할 수 있습니다. 인공지능은 기계화된 정보처리 능력의 극대화입니다.

그러나 가장 중요한 차이점은 정보 자체가 구조적 지식을 구성하지 않으며 지혜에는 훨씬 더 못 미친다는 점입니다. 사실 너무 많은 정보는 올바른 지식과 지혜의 형성을 방해하는 경향이 있습니다. 오늘날에는 정보를 찾고 수집하는 데 너무 많은 시간과 에너지를 낭비할 위험이 있습니다. 정보를 세심히 분석하고 해석하여 소화하는 데 소홀하면, 참된 지식과 지혜는 오히려 희소해집니다. 더욱이 진정한 지식과 지혜를 얻는 데 필요한 분별력도 약화되고 있는 상황입니다.

이 변화의 문화사적 함축을 가장 잘 파악한 사람은 프랑스 철학자인 장-프랑수아 리오타르(Jean-François Lyotard)입니다. 그는 『포스트모던적 조건: 정보사회에서의 지식의 위상』에서 지적 기반이 지식에서 정보로 전환되는 것과 관련한 현대 세계 구조의 급격한 변화를 분석합니다. 그는 정보화와 포스트모더니티 사이의 긴밀한 관계를 부각시킵니다. 정보화가 '신념 체계의 상대주의'를 조장하기 때문입니다. 그리고 정보화는 지식의 본질에 근본적인 변화를 가져오고 공동체적 의미를 상실하게 한다고 주장합니다.[43] 르네상스 이후 데카르트나 베이컨과 같은 초기 근대 철학자들에 의해 확립된 거대한 이성주의의 지적 체계가 영향력을 잃어가고 있음을 꿰뚫어 본 것입니다.

리오타르는 정보화로 인해 도래한 문화의 특성이 '거대담론에 대한 불신'이라고 했습니다.[44] 본질적으로 단편적이며 비인격화하고 기계화된 정보만으로는 삶의 의미와 목적을 밝혀 주는 거대한 이야기를 할 수 없습니다. 세계에 대한 의미 있는 일관된 이야기도 구성하지 못합니다. 특히 창조로부터 새 하늘과 새 땅까지 인격적으로 섭리하시는 하나님의 계획을 반영하는 코스모스와는 너무도 다른 것입니다. 고작 뮤직비디오나 숏폼처럼 세상에 대한 단편적이며 파편화된 인식을 줄 따름입니다.

정보사회는 시민 근대성의 이상인 합리화되고 통일된 사회와는 다릅니다. 근대의 이성주의 시민사회는 위대한 정신에 의해 중앙집권화되고 구조화되는 보편적이고 통일된 지식 체계에 기초하고 있습니다. 정보사회는 비인격적이고 분산된 정보가 근간을 이룹니다. 불확정적이고 개인주의적이며 근본적으로 다원주의적인 세계입니다. 이것이 그가 바로 정보화를 포스트모던 사회의 주요 특징으로 꼽는 이유입니다.

정보화 시대의 네트워크 사회에서는 스위치를 쥐는 사람이 권력을 갖게 됩니다. 하지만 스위치가 하나가 아니어서 권력의 흐름을 예측할 수 없습니다.[45] 정보화는 지적·윤리적·미적 시스템을 해체해 다원화를 가속시킵니다. 이런 환경에서는 사회의 기준이나 규범을 확립하기가 어렵습니다. 시민의 상식적 예절도, 심지어 법적 합의도 모두를 위한 확고한 윤리 기준으로 기능하지 못합니다. 정보사회가 지리적·전통적 경계와 지역성을 넘어 존재한다는 사실은 상황을 더욱 악화시킬 뿐입니다. 이러한 정보화 시대의 상황은 인공지능 기술이 보편적으로 적용될 사회의 윤리적 기초를 세우는 일이 얼마나 어려운지를 보여줍니다.

데이빗 리온(David Lyon)은 "서사적 지식이 다수의 언어 게임으로 대체되고, 보편주의는 지역주의로 대체된다"라고 했습니다.46) 이런 문화와 사회에서는 성경처럼 창조에서 하나님 나라에 이르는 거대서사에 대한 불신이 기본 정신이 되기 쉽습니다. 닐 포스트만(Neil Postman)은 정보가 "우리 시대의 지배적인 은유"가 되면서 인간은 "정보를 처리하는 프로세서"요, 자연은 "처리될 정보"로 재정의되고 있다고 했습니다.47) 인간의 이미지가 생각하는 존재에서 계산하고 정보를 처리하는 기계로 바뀐 것입니다.

우려할 것은 이런 기계적 인간관만이 아닙니다. 인공지능 기술이 발전을 거듭하면 '특이점'에 이를 것이라는 주장이 있습니다. 인간의 지능을 넘어 스스로 개량하는 수준에 이른 후에는 기술 발전의 속도가 폭발적으로 증가하게 된다는 것입니다. 그것이 현실화하면 인간의 종말이 올 것이라고 합니다. 존 폰 노이만(John von Neumann)이 1953년에 최초로 언급한 이래 앨런 튜닝(Alan Turing)과 레이먼드 커즈와일(Raymond Kurzweil) 같은 이들이 줄곧 주장해온 바입니다. 그것이 현실화할지는 미지수이지만 상상만으로도 두려움을 자아내기에 충분합니다. 미국 공군의 인공지능(AI) 무인기(드론)가 임무에 방해된다며 드론을 통제하던 조종사를 제거하는 일이 벌어지기도 했습니다. 가상훈련이라 실제로 인간이 죽거나 다치진 않았지만 AI가 인간의 명령을 듣기보다 자의적인 판단 기준으로 되레 인간을 공격할 수 있다는 보도까지 나와 앞으로도 논란이 커질 전망입니다.

이러한 우려에도 불구하고 분명한 것은 기술 발전이 비가역적이라는 점입니다. 그뿐만 아니라 기술 발전은 시간이 갈수록 가속될 것입니다. 게다가 기술은 인간의 죄성으로 잘못 사용될 가능성이 있습니다. 실제로 그렇기도 합니다. 하지만 기술의 발전을 거부하는 것은 비현실적입니다. 억지로 발전을 통제하는 것은 가능하지 않을 뿐만 아니라 심각한 부작용을 가져올 수 있습니다. 분별력 있는 활용이 최선입니다. 기술은 사용하는 사람의 능력에 따라 효용이 천지 차이입니다. 최고 성능의 스마트폰을 구입한다고 해서 똑똑하게 되는 것은 아닙니다. 강력한 도구를 가진 바보는 여전히 바보일 뿐입니다.[48] 더욱이 인공지능은 보통 인간보다 더 뛰어나기에 악한 용도로 쓰일 경우에 대한 염려도 클 수밖에 없습니다. 강력한 기술이 잘못 쓰이지 않기 위한 윤리적 노력이 필수적입니다.

3. 인공지능 세계의 윤리적 지평

윤리적 대응 방안

윤리는 현실에 대한 우리의 개념에 기초합니다. 삶이 발전하고 복잡해짐에 따라 새로 발생하는 윤리적 문제를 포함하여 윤리의 차원도 확장되어야 합니다. 인공지능이 제기하는 문제는 그 기반이 되는 컴퓨터와 인터넷 환경에서 제기되어 씨름해온 윤리적 질문을 더욱 복잡하게 만들었습니다. 앞서 보았듯이 가상현실의 혼란은 형이상학적인 정의나 윤리적 규범이 제공되지 않았다는 사실에서 비롯됩니다. 가상현실은 실제 세계를 모방한 인간의 창조물입니다. 그러나 현실 세계와 부합하지 않는 여러 측면이 문제를 유발하고 있습니다.

가상현실과 사이버 세계에 익숙하게 몰입하는 소위 N(net)세대는 언어, 삶의 방식, 사고방식이 상당히 다르며, 이는 전통적인 윤리와 가치에서 근본적으로 차이가 납니다. 인간의 문화적 산물이나 기술의 발명과 마찬가지로 인공지능 기술이 가져온 세상도 인간 본성의 부패를 드러냅니다. 차이점은 인터넷과 인공지능의 문제가 매우 강력할 뿐만 아니라 광범위

> 기술이 발달할수록 그에 대한 윤리적 숙고가 필요합니다

하고 빠르며 전 세계적이라는 것입니다.

이러한 과제를 해결하기 위한 사회적·윤리적 구조의 개발은 느리기만 합니다. 기술적 상상력과 강박이 책임감, 윤리적 고려, 즉 '왜'에 대한 숙고 의지보다 훨씬 빠르게 성장한다는 전형적인 딜레마를 다시 한번 보여줍니다. 우리는 사이버 세계에서 일어나는 것처럼 기술의 도덕적 의미에 대해 별로 생각하지 않고 기술을 개발하고 사용하는 데 많은 시간과 돈과 에너지를 소비합니다. 인터넷의 도덕적 타락에 대한 많은 증거에도 불구하고 이를 규제하는 사회 윤리적 제도의 발전은 매우 느립니다. 더욱이 이 기술의 건전한 사용을 장려하고 개발하는 것 또한 너무 느립니다.

인공지능 기술의 발전이 삶 전반에 빠르게 적용되고 있는 것과 달리 그것의 유해한 영향에 대한 연구는 미흡합니다. 이는 주로 인공지능의 연구개발이 기술적·산업적·경제적 측면에 집중되기 때문입니다. 인간 생활에 미치는 영향과 윤리적 함의에 대한 성찰이 무시되고 있습니다. 인공지능 기술을 보다 인간적인 방식으로 사용하는 방법을 묻는 것에서 끝나서는 안 됩니다. 포스트만의 제안처럼 우리가 이 기술 없이 무엇을 할 수 있는지, 그것을 사용할 때 무엇을 잃을 수 있는지와 같은 더 깊은 문제를 해결해야 합니다. 이 기술이 가져오는 문화에 몰입함으로써 상실되는 인간의 기술과 전통이 또 무엇인지를 물어야 합니다.[49]

인공지능을 규제할 시스템을 개발하는 데에는 매체 자체의 고유한 특성으로 인해 발생하는 근본적인 한계가 있습니다. 인터넷은 적의 공격으로 인해 전면적으로 차단될 가능성을 방지하기 위해 설계된 군사 방어 통신 네트워크에서 발전했습니다. 따라서 많은 우회와 간접 접근을 허용하는 개념을 바탕으로 하고 있어 원칙적으로는 항상 간접 접근이 가능합니다. 신문이나 방송 같은 다른 미디어처럼 중앙 통제와 규제를 적용하기 어렵습니다. 한마디로 '기능적 무정부 상태'를 주요 특징으로 하는 인터넷은 당국의 완전한 통제가 불가능합니다. 다양한 국가의 법적·윤리적·문화적 기준의 차이로 인해 인터넷에서의 보편적 행동 규칙은 거의 생각할 수 없습니다.

또 다른 이유는 기존 미디어에서는 구별되던 정보 제공자와 소비자의 역할이 점점 더 불분명해지고 통합되기까지 했다는 점입니다. '프로슈머'라는 말은 이제 모든 정보 소비자가 생산자가 될 수 있는 잠재력이 있음을 나타냅니다. 디지털 기술을 통해 거의 모든 사람이 대규모 정보의 생산자(더 정확하게는 복사, 구성 및 편집자)가 될 수 있습니다. 인터넷 프로슈머는 자신의 콘텐츠를 무제한의 소비자에게 직접 배포할 수단을 가지고 있습니다. 또한 정보에 대한 접근이 쉽고 빠르며 매우 광범위합니다. 인터넷상의 정보는 실시간으로 전 세계에 퍼집니다.

유해 정보의 해결은 쉽지 않습니다. 문제가 발견되어 해결 방법이 시도될 때는 이미 피해가 발생한 다음입니다. 게다가 특정 정보를 유포한 사람을 추적하기도 매우 어렵습니다. 그 확산이 너무 빨라서 심각하고 회복 불가능한 피해가 이미 발생했고 그에 대해 할 수 있는 일이 별로 없기 때문에 이를 규제하려는 시도는 너무 늦습니다. 대부분 사후 처리에 불과합니다. 예방 장치는 잠재적으로 유해한 물질을 선택하여 정보 흐름을 늦추기 때문에 업계의 불만 대상이 되는 경우가 많습니다. 속도와 자유에 대한 요구는 많은 경우에 심각한 문제인데, 표현의 자유는 인터넷에서 큰 이슈가 되어 왔습니다.

국가나 기업 간의 경쟁은 주요 관심사이며 규제 완화를 촉진하는 구실로 자주 사용됩니다. 자본주의 경제에서 경쟁은 기술 발전의 속도와 가용성이 관건입니다. 모든 국가는 자국의 시스템과 사업구조를 경쟁력 있게 만드는 것을 최우선으로 삼고 있습니다. 산업적·경제적 논리가 너무 강해서 윤리적·사회적 고려는 부차적입니다. 인공지능 기술에도 명백히 우려되는 바가 있음에도 불구하고 이에 대한 규제는 점점 더 어려워지고 있습니다.

이런 상황은 AI와 같이 첨단 기술에 대해 법적·사회적 규제를 확립하는 것이 얼마나 어려운지를 보여줍니다. 기존의 법률과 윤리 제도는 인공지능 기술에 부합하지 않기 때문에 위에서 논의한 문제들을 효과적으로 다루지 못합니다. 변화된 사회문화적 분위기 속에서 새로운 법적 장치와 제도를 만드는 것도 훨씬 더 어려워지고 있습니다. 인공지능과 같은 강력한 기술이 가져올 결과를 통제하기 위해서는 효과적인 규제 기관을 설립해야 하는데, 오늘날 사회는 너무 분열되어 있어 이를 위한 실질적인 합의가 매우 어렵습니다. 미국에서 인터넷을 규제하려는 많은 법안이 의회에서 통과된 후 이에 대해 항의를 받거나 위헌으로 판정된 여러 사례가 이를 잘 보여줍니다.

인공지능과 같이 강력한 기술을 반성 없이 따라잡기에 급급해서는 안 됩니다. 기술의 활용은 영적 분별력에 입각하여 이루어져야 합니다. 기술적 판단이 기준이 되거나 기술이 가진 매력 때문에 사용하려 해서는 안 됩니다. 삶의 주인은 하나님이지 기술과 장비가 아닙니다. 잘 사용하는 방법만 중요한 것이 아니라 기술 자체에 대한 바른 이해와 반성이 필요합니다. 특히 다음과 같은 우려에 주의를 기울여야 합니다.

기독교 윤리적 반성의 기초

우리는 가상현실과 인공지능 기술이 바탕이 된 포스트모던 세계에 삽니다. 포스트모더니티는 다양한 정보의 소스들로부터 자유롭게 '선택'하고 '혼합'할 수 있는 독특한 시대입니다. 오늘날에는 전통적인 세계 경험의 현실조차 의문시되고 있습니다. 현실이 의문시되면 그에 기초한 전통 윤리도 흔들리게 됩니다. 이러한 영적·문화적 환경에서 도덕성의 정립은 큰 도전입니다. 그러나 인간의 삶은 도덕성을 요구하며, 이를 발전시키는 것은 우리의 책임이자 의무입니다. 그렇지 않으면 진정한 인간 생활 방식이 심각한 위협을 받게 됩니다. 도덕은 법과 규범보다 덜 엄격하지만 단순한 관습과 에티켓보다 더 구속력이 있습니다. 인공지능 기술을 통제하기 위한 효과적인 법률 시스템을 만들고 운영할 사회정치적 기관을 설립하는 것은 단순하지 않기 때문에 이 영역에서 실행 가능한 윤리를 우선적으로 확립하는 것이 필요합니다.

미디어 윤리의 권위자인 클리포드 크리스천스(Clifford G. Christians)는 공동체 윤리를 중심으로 미디어 시스템을 재정렬할 것을 제안합니다. 대표적 윤리학자인 존 롤스(John Rawls) 등이 주창하는 자유주의 이론은 인간 삶의 사회적 본질이 덜 개발되어 다문화 사회를 형성할 이론적 자원이 부족하다고 주장합니다. 그러한 윤리는 개인적인 사랑, 타인에 대한 존중, 책임이라는 기독교 원칙을 바탕으로만 효과적으로 발전될 수 있다고 강조합니다. 특히 "다양성 시대의 의사소통 윤리에는 주의 깊게 경청하고, 상호 존중을 추구하고 실천하며, 호혜성과 포용성을 초대하고, 공통성과 차이에 내재된 변증법적 긴장을 공개적이고 책임감 있게 살아갈 의지와 능력이 필요하다"고 말합니다.[50] 기독교 윤리 비전은 '서구 정치와 문화의 핵심을 감염시키는 질병'인 개인의 자율성을 치료하는 데 도움이 될 수 있습니다. 기독교인은 다양한 개인과 집단에 대한 다원적 접근 방식이 보편적이지만 매우 개인적인 규범을 고수함으로써 상대주의적 혼란에 반드시 굴복하는 것은 아니라는 점을 보여줌으로써 기여할 것이 많다고 주장합니다.

또 다른 미디어 윤리학자 리처드 요한센(Richard L. Johannesen)도 법과 정부가 강제적으로 인터넷과 가상현실의 사이버 공간을 규제하는 것이 비효율적임을 인정하며 몇 가지 대안을 제시합니다. 첫 번째는 '교육 프로그램 및 반대 설득 캠페인'입니다. 특히 학부모, 학교, 시민행동단체, 시민감시단체가 함께 '윤리적 품성을 함양하기 위한' 조기교육을 행할 것을 권장합니다. 두 번째는 학교, 기업, 전문 협회 등 지역사회가 공식적인 윤리 강령을 채택하되 윤리 체계의 다양성을 이해하고 관용 정신을 갖춰야 할 것을 요청합니다.[51]

컴퓨터 윤리학자 휴스턴은 기계론적 세계관의 비판을 통해 컴퓨터가 만들어가는 세계를 반성할 통찰을 제시합니다. 기계론적 세계관은 세상이 신뢰할 수 있고 예측과 이해가 가능하다고 전제합니다. 완벽한 기술은 예상치 못한 임의성, 불안정성 또는 모호함이 허용되지 않습니다. 기술의 세계는 '원칙적으로 용해 가능하고 제어 가능한 곳'으로 간주합니다. 더욱이 '정보 기술은 사회 통제의 도구'로 관리와 조작이 가능해야 한다고 봅니다. 이런 전제로 인해 "사회 문화적 삶에 대한 정보 통신 기술의 지배는 많은 심각한 윤리적 문제를 야기한다"고 합니다. 데이터 처리, 전자 감시 및 가상현실은 의미와 목적에 대한 질문에 답변하지 않는 기술에 집착하기에 "기독교 윤리학자의 엄격한 질문을 요구한다"고 강조합니다.[52]

또한 이런 인공세계에 우리가 점점 더 빠져들게 되면 인류의 미래는 어떻게 될 것인가와 같은 문제도 있습니다. 무엇이 현실이고 무엇이 시뮬라크르인가요? 컴퓨터가 생성한 세계가 점차 우리가 살고 움직이고 존재하는 세계가 된다면, 우리의 공통 인류에는 어떤 일이 일어날까요? 인공지능에 모든 사람이 동등하게 접근할 수 있을까요? 이미 정치적·경제적 불평등과 불의에 대한 우려를 불러일으키고 있는 소위 '디지털 격차' 문제를 어떻게 해결할 수 있을까요? 그리고 자연 질서의 창조주와 우리의 관계는 어떠한가요? "이것들은 포스트모더니티에서 기술과 기독교 윤리적 접점을 탐구할 때 우리가 논의해야 할 문제 중 일부에 불과하다"는 휴스턴의 주장은 설득력이 있습니다.

인공지능은 고도의 기술적 상상력의 산물이지만 더 이상 상상 속의 세계가 아닙니다. 폭넓은 사회 문화적 결과와 효과를 수반하는 이미 존재하는 현실의 재현입니다. 특히 젊은 세대의 일상 환경을 형성하고 있습니다. 이제 우리는 현실 세계만 아니라 '가상 세계'에서도 사람을 인도하는 데 더 큰 책임을 져야 합니다. 무지하거나 두려워해서는 안 됩니다. 무지로 인해 발생하는 두려움은 불필요한 금지와 비난을 유발할 수 있습니다. 인공지능을 예수 그리스도께 복종시켜야 할 또 다른 영역으로 보아야 합니다. 이것은 다른 기술적 확장과 창조의 발전과 마찬가지로 인간의 창의성에 의해 생산된 세계입니다. 그것이 우리 삶과 하나님 나라에 어떤 유익과 폐해를 가져올지 주의 깊게 고려해야 합니다.

인공지능 기술을 통제할 사회적·법적 장치를 세우는 것이 어렵기에 그 책임은 시민사회(업계와 사용자)의 자율 규제에 있습니다. 인공지능의 기반이 되는 인터넷과 사이버 세계에서 유해하고 불법적인 콘텐츠 유포와 사용을 정화하기 위한 자율 규제는 원칙적으로 이러한 새로운 기술 환경에 적합한 예의와 윤리를 전제로 합니다. 문제는 혼란에 가까운 인터넷 시스템에서 그러한 예의와 윤리가 실천적으로 부족하다는 점입니다. 이는 우리가 앞으로 나아갈 길이 험난하다는 것을 의미합니다.

인터넷은 단순한 기술적 발명이 아닙니다. 사용자 커뮤니티의 개선과 운영을 위해 사회 문화적 윤리가 필요한 사회 문화적·제도적 도구입니다. 다른 문화 상품과 마찬가지로 이를 사용하는 적절한 방법의 확립은 사용자와 지역 사회의 실천 표준에 따라 달라집니다. 특히 유해하고 원치 않는 악성 요소로부터 환경을 예방하고 정화하는 방법은 전적으로 사용자의 책임에 달려 있습니다. 이 책임은 정부나 기업, 전문가에게만 전가될 수 없습니다. 그들은 인터넷을 통제할 수 없기 때문입니다. 몇몇 선진국에서는 기업, 학교, 비정부기구의 긴밀한 네트워킹을 통해 자율 규제 시스템을 구축하려고 시도하고 있습니다. 하지만 많은 사람은 여전히 정부, 준정부 또는 공공 조직 수준에서 이를 규제하려고 합니다.

건강한 삶의 환경을 만들고 보존하는 것은 우리 모두의 책임입니다. 과학자나 기술 전문가에게만 맡길 일이 아닙니다. 인공지능과 같은 강력한 기술과 이를 활용하는 시스템은 사용자가 그에 대한 올바른 관점과 태도를 갖추는 것이 반드시 필요합니다. 인공지능에 대한 윤리의 발전은 세계관을 크게 바꾸지 않으면 이루어질 수 없습니다. 그것을 향한 노력은 단순히 새로 개발된 기술과 그 사회적 결과에 적응하는 것 이상입니다. 위에서 살펴본 것처럼 이 새로운 기술 속에서 생활하려면 사고방식에 상당한 변화가 필요합니다. 인공지능이 가져온 세계는 완전히 별개의 현실은 아니지만 우리 삶에서 작동하는 방식에 근본적인 변화를 요구합니다. 변화에 대처하고 이 기술을 바로 사용하기 위해서는 삶 전체에 대한 새로운 태도를 키워야 합니다.

4. 기술에 대한 기독교적 반성

기독교 세계관으로 바라보기

인공지능은 새로운 현실 감각과 과학 및 기술에 대한 보다 전체적인 관점을 요구합니다. 기독교인은 역사 초기부터 문화의 다양한 위기를 극복하는 데 기여해 왔습니다. 초기 기독교인은 헬레니즘 문명에 새로운 세계관을 제시했습니다. 16세기 중세가 위기에 직면했을 때, 종교개혁가들은 인류가 나아갈 비전을 다시 제시했습니다. 이제 인본주의적 르네상스와 모더니티는 고갈되었고 포스트모던은 혼란과 위기를 가져오고 있습니다. 가상현실과 사이버 공간이 미래를 향한 길이라면, 윤리적·인식론적·존재론적 토대에 기초해야 합니다. 그리스도인은 이 기초를 마련하는 책임을 져야 합니다.

성경적 세계관은 오늘의 위기를 치유하는 자원을 가지고

있습니다. 예를 들어, 이안 바부어(Ian Barbour)의 주장처럼 '공간과 시간을 포괄하는 창조된 질서'에 대한 성경적 견해는 위기를 치유할 중요한 시사점을 가지고 있습니다. 현대 세계관은 자연을 기술적 지배의 대상으로 보는 반면, 이 세계관은 자연에 대한 청지기직을 크게 강조합니다. 바부어는 또한 정의, 인간의 나약함, 성취, 공동체 안에 있는 사람들에 대한 독특한 견해, 심판, 희망이라는 성경적 주제를 언급합니다.[53] 이것은 다양한 개혁주의 성경 세계관의 '창조-타락-구속'으로 알려진 친숙한 주제입니다.

에그버트 스휘르만은 기독교 세계관에 기초를 둔 기술에 대한 반성으로 유명합니다. 그의 저서 『기술의 불안한 미래』는 부제목처럼 '엇갈린 전망과 기독교적 대안'을 제시합니다.[54] 인공지능과 4차 산업혁명 시대에 필요한 영적 분별력입니다. 그는 현대 기술이 고전적 기술과 다름을 지적합니다. 현대 기술은 가능한 것은 무조건 실현시키는 것을 목표로 하여 모든 것을 공격적인 관리와 제어 대상으로 삼습니다. 나노기술로 DNA를 조작하고, 뇌에 칩을 심어 마음을 통제합니다. 기계에 뇌를 다운로드해 영생을 꿈꾸기도 합니다. 기술의 마법에 걸린 문화입니다. 그 속에서 모든 생명과 인간 자신도 위협을 받고 있습니다. 기술은 인류의 타락 이후 가장 강력한 유혹입니다. 성경은 가인, 라멕, 바벨탑, 느부갓네살의 경우처럼 인간이 기술 발전으로 하나님에게서 멀어질 것을 경고합니다.

스휘르만은 기술이 경제와 지속적으로 상호 작용하며 우리 문화를 결정짓고 있다고 주장합니다. 주도권은 기술이 쥐고 있습니다. 과학은 놀라운 성취로 진리를 독점했고, 모든 문제를 해결할 수 있다는 믿음을 퍼트렸습니다. 지난 세기에 슈펭글러는 이렇게 주장했습니다. "기술의 사용은 성부 하나님처럼 영원하다. 기술은 성자처럼 삶을 구속하고, 성령처럼 그것을 성스럽게 만든다." 기술이 종교이자 구원의 길이 된 것입니다. 물질주의와 소비주의는 덤으로 따라온다고 했습니다.

기술적 세계관은 유물론 사고에 기초합니다. 세상에는 영적으로 설명할 부분이 남아 있지 않으며 악의 존재에 관심이 없습니다. 기술은 하나님의 창조의 비밀을 무시합니다. 사물에 대한 전체적 조망을 가로막고, 삶의 근본적 물음을 중요치 않은 것으로 배제합니다. '가능한 최대의 효과적 진보'와 '최대 효율'을 '가장 싸게' 추구합니다. 성장이 필수입니다. 생존이나 지속 가능성은 고려되지 않습니다. 계몽주의 과학과 기술은 그것이 초래한 재앙에는 눈을 감습니다. 생태환경의 위기 속에서도 '무비판적인 기술 옹호론'이 만연한 이유가 여기에 있습니다. 지금 세계는 글로벌 자본주의 체제 아래 부와 경쟁에서의 승리의 유혹에 미혹되어 신기술 유토피아를 좇고 있습니다. 이런 삶의 방식은 핵을 가진 테러리스트보다 더 위험합니다.

스휘르만은 마르틴 하이데거와 자크 엘륄처럼 기술을 지나치게 비관적으로 보는 것은 반대합니다. 이들은 기술이 전체

시스템 네트워크로 우리 삶과 문화의 중앙에 자리 잡아 인간의 책임이 들어설 자리가 없는 '자율적 과정'이라고 주장하는데, 스휘르만은 이에 반대해 여전히 시스템이 기능하는 방식에 개입할 수 있다고 말합니다. 사회 전체에 걸쳐 작동하는 시스템적 기술에 개입하기는 매우 어렵지만 거대한 시스템 역시 인간의 산물이므로 누군가는 책임을 져야 한다는 것을 강조합니다. 기술문화는 기술 밖의 영원한 관점에서 평가되어야 합니다. 실재가 창조주에게 의존하고 연결되어 있는 것으로 파악해야 합니다. 하나님과 이웃 사랑의 표현이 연약한 것을 돌보는 기술 윤리의 출발점이어야 한다는 것입니다.

이를 위해 스휘르만은 하나님 앞에서 행동의 동기를 설명할 수 있는 책임 윤리를 주장합니다. 힘의 에토스가 아니라 사랑의 에토스를 가진 농업, 경제, 정치의 확장을 꿈꾸어야 합니다. 기독교적 반성을 통해 기술의 축복이라는 가면을 벗겨내고, 숨겨진 기술의 악한 이데올로기를 밝혀내야 합니다. 기술은 창조주와 보존자 하나님에 대한 믿음으로 생명을 바라보는 문화 모델에 관심을 둘 때만 적절한 위치에 서게 됩니다. 따라서 그는 기술의 위험에 맞설 신학적 기원을 가진 윤리가 필요하다고 주장합니다.

스휘르만은 개혁주의 신학도 기술에 대해 때로 너무 낙관적이었음을 비판합니다. 그러면서 '문화명령'을 성경 전체의 맥락 속에서 그리스도를 통해 다시 이해해야 한다고 주장합니다. '정복과 지배'보다 사랑, 섬김, 희생, 자비를 정의롭게 추구하는 것이 성경적 윤리의 기본입니다. 인격성을 훼손하고 영적 정체성에 압력을 가하는 기술에 경종을 울려야 합니다. 인간을 기계와 동일시하는 환원주의적 인간관은 인간 존재에 위협을 줄 수 있는 기술 발전에 저항할 수단을 잃게 한다고 했습니다.

스휘르만은 '동산 패러다임'을 대안으로 제시합니다. 에덴동산에서 만물을 가꾸고 돌보며 하나님 나라를 향해 나아가라는 본래 창조 명령을 신실하게 수행하자는 취지입니다. 여기에는 기술 발전을 이끄는 영적 동력원에 대한 반성이 필요합니다. 위기에 처한 지구를 살리기 위한 노력은 새로운 가치를 필요로 합니다. 실재의 기원과 의미는 과학을 선행합니다. 이를 인정해야 과학이 본래의 충만한 의미와 목적과 연결될 수 있습니다. 따라서 그는 모든 피조물의 본질적인 특성을 존중하며 창조주의 사랑과 창의성의 힘을 인정하는 생명 돌봄의 철학 개발을 주장합니다.

이슬람과 서구의 갈등 해소도 이 연장선에서 찾는 것이 특이합니다. 이슬람은 무신론적 과학주의 기술문화가 오만하고 피상적이며 경건함에 적대적이고 퇴폐적이기에 파괴되어 마땅하다고 주장합니다. 스휘르만은 이 문화를 개혁하지 못하면 근본주의 이슬람과의 투쟁이 심화하여 진짜 비관할 이유가 생긴다고 우려합니다. 창조의 규범적 경계를 존중하려는 노력은 종교들이 같이 할 수 있으며, 그래야 평화로운 세계화와 인류 문화 발전을 소망할 수 있다고 말합니다. 그러므로

'지배력을 행사하기 위한 탐구'를 세계 '정의의 관점'에서 섬김의 자세로 바꾸어야 합니다.

이런 방향의 재설정은 결코 쉽지 않습니다. 하나님이 마지막 날에 모든 상한 상태를 치유하여 새롭게 창조하실 것입니다. 이것이 기술이 가져온 심각한 위기 상황을 꿰뚫어 보면서도 희망을 잃지 않을 이유입니다. 이 믿음은 희망과 책임감을 동시에 불러일으킵니다. 거대한 기술 시스템에 맞설 새로운 종류의 윤리를 향한 열망도 줍니다. 사회적 기업, 생태 유기적 농업 운동, 기후변화대처 운동 등 새로운 모델의 출현에서 희망적인 변화도 감지되고 있습니다. 챗GPT 같은 AI 기술에 현혹되지 않아야 합니다. 인공지능 '터미네이터'의 출현에 대한 두려움도 넘어서야 합니다. 하나님의 사랑의 눈으로 바라볼 때만 기술의 문화, 사회, 생태, 정치, 경제적 가치를 바로 깨닫게 됩니다. 위기 해결을 위한 희망은 거기에 있습니다.

세계관이 되어버린 기술의 위험성 : 환원주의에 대한 비판

세계관 비판이 중요한 것은 강력한 기술일수록 세상을 변화시키는 힘이 크기 때문입니다. 단지 물리적 환경의 변화만이 아닙니다. 인쇄 기술이 어떻게 종교개혁에 영향을 미쳤는지는 잘 알려져 있습니다. SNS가 '중동의 봄'이라는 정치혁명을 가져왔던 것도 마찬가지입니다. 눈에 보이는 세상뿐만 아니라 우리의 의식을 바꿉니다. 인공지능의 기술적 적용으로 인해 빠르게 변하고 있는 세계관 지형을 따라잡는 것이 필요합니다. 특히 각종 미디어를 통해 의식하지 못한 채 물들 수 있는 '은밀한' 세계관을 파악하는 것이 중요합니다. 따라서 세계관 정립에 있어 이성의 역할이 중요합니다. 포스트모던의 비이성적 분위기에 대해 경각심을 깨워야 합니다.

인공지능 같은 강력한 기술은 단순히 환상적으로 삶에 도움을 주는 것에서 그치지 않습니다. 삶 전반을 바꾸어 놓으면서 우리의 의식 세계에도 큰 영향을 미칩니다. 세상을 인식하는 방법이나 대하는 방식을 바꾸어 놓습니다. 유발 할라리나 레이 커즈와일의 담론은 과장이라고 할지 몰라도, 세상이 달라지는 것은 사실입니다. 이는 맥루한의 주장처럼 미디어가 그 자체로 메시지이고 동시에 마사지의 기능을 가지고 있듯이 모든 기술에는 세계관이 담겨 있기 때문입니다.[55] 미디어는 우리의 전신을 마사지합니다. 몸만이 아닙니다. 정신과 영혼도 매만집니다. 그 손길에는 영적 터치가 따라옵니다. 미디어는 내용을 담아 나르는 전달의 도구만이 아닙니다. 미디어 자체가 하나의 메시지를 담고 있습니다. 시각 중심의 멀티미디어는 보는 것이 믿는 것이라는 메시지를 기본값으로 가지고 있습니다. 이는 책이나 설교와는 매우 다른 전달 방식이며, 세계관의 형성 효과를 가집니다.

더 무서운 것은 '의식의 레이더망 아래'로 날아다니며 강력한 영향력을 행사하는 세계관들입니다.[56] 개인주의, 소비주의, 국가주의, 도덕적 상대주의, 과학적 자연주의, 뉴에이지, 포스트모던 부족주의, 종교화된 심리 치료 등입니다. 이것들

> 인공지능은 기술을 넘어 세계관으로서 우리 삶에 영향을 줍니다

은 이론보다는 신문, 방송, 영화, 드라마, 노래에 담겨 '은밀하게' 오기에 경각심을 갖는 사람이 많지 않습니다. 뉴에이지나 심리 치료처럼 기독교에 스며들어 해를 끼치는 경우도 있습니다. 인공지능 기술은 이미 알려진 이런 부정적인 세계관을 더욱 강력하게 삶에 적용시키는 도구가 될 수 있습니다.

창조주 하나님은 아담에게 생육하고 번성하여 세상을 다스리고 돌보라고 하셨습니다. 기술은 이 명령을 수행하는 데 없어서는 안 될 요소입니다. 인간은 번성하여 세상을 채우기는 했으나 온전히 다스리지는 못했습니다. 그것은 기술 자체의 문제는 아닙니다. 목수이신 예수님도 분명히 기술을 익혀 사용하셨을 것입니다. 복음서에 나오는 비유에는 빼어난 문학적 기교가 가득합니다. 기술은 일을 효율적으로 하게 해주고 소통을 원활하게 하여 우리 삶을 편하고 풍요롭게 합니다. 그러나 기술은 사용자를 대신해서 생각하거나 윤리적 판단을 내려주지는 않습니다. 언제 얼마나 무엇을 어떻게 사용할지 판단하는 것은 우리 몫입니다.

오늘의 가장 강력한 IT 기술은 '아이'(I, 나)폰과 '아이'패드의 이름이 잘 보여주듯이 자기중심적 세계관에 의해 지배되고 있습니다. 서로를 바라보며 대화하는 대신 스마트폰을 봅니다. 어려서부터 하늘을 우러러 예배하거나 어른들을 바라보며 배우기보다 스크린을 보는 데 익숙합니다. 일할 때만 아니라 쉴 때도 디지털 화면을 향합니다. 편의와 속도를 앞세워 소통하게 하는 소셜미디어의 역기능 또한 심각합니다. 악플로 인해 상처받는 경우가 좋은 예입니다. 페이스북이 오히려 대인관계를 망쳐 놓고 사람들을 더 외롭고 질투심으로 불타게 할 수 있습니다. 가장 해로운 AI는 멀리 있지 않습니다. 지금 우리 손에 쥐어져 있습니다. 스마트폰입니다.[57]

뎃와일러는 아이갓을 비롯한 하이테크 우상을 멀리하는 법은 의외로 쉽다고 강조합니다. 전원 스위치를 끄면 끝입니다. 가장 유용한 장치는 전원 스위치라는 말에 저절로 고개가 끄덕여집니다. 끄지 않으려면 도구로만 사용하는 습관을 개발해야 합니다. 언제 정보의 급류 속으로 뛰어들고 언제 빠져나와야 할지에 대한 지혜를 갖추어야 합니다. 그런 뛰어난 기술들이 없이도 살 수 있다는 것을 깨달아야 합니다. "그리스도인은 천국이 이 땅에 임할 것을 믿기에 천국에 오를 플랫폼을 만들 필요"가 없기 때문입니다.58) 우리도 일상을 지배하는 첨단 기술에 대한 이런 지혜를 갖출 수 있을까요?

첨단 기술 노하우의 대명사인 스티브 잡스나 아이갓이라 불리는 인물들이 자신의 자녀들에게 이런 기술을 활용하지 못하게 했다는 것은 잘 알려진 사실입니다.59) 아이폰 출시에 맞춘 프로모션 행사에서 기술과 인문학에 관하여 나온 이야기도 유명합니다. 애플의 경쟁력은 기술만이 아니라고 강조한 것입니다. 자유학예 또는 인문학의 교차로에서 생각하고 제품을 개발하기에 보다 인간적인 기술을 보유하고 있다는 점을 내세운 것입니다. 그래서 사용하기 쉽고 이해하기도 쉽다는 것입니다.

문화돌봄으로 세계번영의 비전 : 공동체의 번영과 공공의 선

기술이 지배하는 세상의 변화를 위해서는 문화에 대한 태도를 바꿔야 합니다. 예술가이자 문화 비평가인 마코토 후지무라(Makoto Fujimura)가 제시하는 문화 돌봄은 그 단초를 제공하기에 살펴볼 가치가 있습니다. 문화 돌봄은 문화 생태계를 되살려 '사람과 창조성이 번성하는 환경'을 만드는 것입니다.60) 메기는 강바닥을 뒤지고 다니며 물을 흐려 놓습니다. 깨끗한 물을 찾아 물살을 거스르는 연어는 강을 맑게 합니다. 문화 돌봄의 핵심 전략은 맑은 물의 다양한 소세계를 창조해 문화 생태계 안에서 언어가 생존할 수 있게 하는 것입니다. 문화의 강에서도 환경의 정화가 일어나야 합니다. 환경과 문화 돌봄의 책임은 일맥상통합니다. 문화 돌봄을 통해 이뤄지는 전인적 건강의 회복과 성숙이 번영의 조건입니다. 문화 돌봄은 영혼 돌봄과도 밀접하게 연관됩니다.

문화 돌봄은 세계관의 근본적인 변화를 요구합니다. 효율적 생산과 대량 소비를 성공의 척도로 만든 산업혁명의 비전이 문화의 강을 오염시킨 주범입니다. 사랑으로 세상을 지으신 창조주는 우주 가득히 그 사랑을 확장하는 일에 인간을 부르셨습니다. 그 소명은 타락 이후에도 유효합니다. 인간의 창조적 본성에는 타락으로 오염된 문화를 회복시키는 치유와 화해의 능력이 있습니다. 부활의 영이신 성령께서도 문화에 생기를 불어넣으셨습니다. 복음의 실재는 교회 안에만 있는 것이 아닙니다. 문화 속에도 하나님의 임재가 나타납니다.

문화를 돌보는 이들은 사회 주변부에서 삶에 대해 '강력한 통찰과 경고, 성찰, 열망'을 보여주는 문화의 청지기요 정원사 역할을 해야 합니다. 이는 무너져서 오랫동안 황폐해진 곳을 다시 세우는 소명입니다. 이 일이 소외, 고통, 압제에 대한 진실을 드러내며 정의, 소망, 회복을 선포하고 화해와 재통합의 길을 엽니다(사 61:4). 문화는 쟁취하거나 빼앗기는 영토가 아닙니다. 사랑하는 마음으로 돌보도록 부름받은 자원이며 아름답게 가꿔야 할 정원입니다. 오늘날 문화가 전쟁터가 된 것은 비극입니다. 문화 전쟁은 침식성이 강합니다. 타자에 대한 신뢰를 약화시켜 갈등을 유발합니다. 진짜 전쟁으로 이어질 수도 있습니다. 생존 경쟁 모드에서는 타자를 내 것이 되어야 하는 자원이나 권력의 경쟁자요 적으로 봅니다. 보수와 진보가 모두 문화 전쟁 속에서 '공동의 삶이라는 목표'를 무시하며 파괴하는 공범이 됩니다. 공동의 삶이라는 목표에 대한 무시는 '우리 시대의 절망적 실패'라고 탄식합니다.[61]

이에 반해 문화 돌봄은 불의에 대한 비폭력 저항의 논리적 연장선입니다. 문화의 치유는 타자에 대한 관용을 넘어 존중으로 나아갑니다. 독으로 감염된 언어를 내려놓고 공동선을 지향합니다. 다양성과 차이를 존중하는 사랑으로 이웃을 대하는 태도를 기릅니다. 미래 세대와 함께 다가오는 새 창조에 기여할 방안을 만들어냅니다. 이를 통해 '거룩하신 예술가 하나님'을 돕는 새 창조의 '협동 창조자'가 되고자 노력합니다. 문화 돌봄은 새 창조의 약속에 기초해 새로운 형태의 공동체 형성에 초점을 맞춥니다. 사람들에게 '공동의 삶을 일깨워주는 것'이 문화 돌봄의 임무입니다.

기술에 대한 우상숭배를 끊어야 합니다. 과학기술은 선한 하나님의 선물이지만 그것만을 삶의 토대로 절대시하는 태도를 버려야 합니다. 그 대신 공동의 삶과 모든 구성원을 돌보는 방안을 제시하는 진정한 '예언자적 시각을 발전'시킬 때 문화 회복의 길이 열립니다. 문화 돌봄은 그리스도인만이 아니라 보편적으로 수용될 수 있는 원리입니다. 이런 문화 돌봄의 태도를 갖추는 것이 인공지능이 가져오는 새로운 사회와 문화에도 절실합니다.

첨단 과학기술은 그것을 경제적으로 활용할 수 있는 계층에만 유익을 줄 때가 대부분입니다. 이른바 '디지털 디바이드'(digital divide)처럼 기술이 사회의 계층을 갈라놓거나 이미 존재하는 격차를 더욱 강화하는 경우가 흔합니다. 기술 대부분이 그것을 살 수 있는 1%를 위한 것이라는 말은 그 때문입니다. 세상에서도 이 문제를 해결하기 위해 99%를 위한 '적정기술'의 비전을 제시하고 실천하려 애쓰는 이들의 노력을 주목할 필요가 있습니다.

문화 돌봄을 통한 혜택의 범위는 기독교 공동체보다 훨씬 넓습니다. '기독교 문화'가 밖의 사람들도 '이해하고 공감할 수 있는 언어'로 번역되어야 하는 것은 이 때문입니다. 성령의 역사도 누구나 알아들을 수 있는 일반 언어로 전해져야 합니다. 오늘날 기독교 문화가 중요한 문화적 영향력으로 고려되지 못하는 것은 기독교인이 그들의 문화를 인류 전체를 향한 하나님의 선물로 제시하지 못하기 때문입니다. 기독교 음악과 기독교 예술은 일종의 하위문화처럼 비치고 있습니다. 이로 인해 삶 전체에 펼쳐져야 할 그리스도의 임재가 약화됩니다. 그분이 우리 삶의 형용사가 아니라 명사가 되게 하기 위해 우리는 각자의 부르심을 붙들고 성령을 따라 교회 밖으로 나가야 합니다. 그리스도의 광채와 신비가 우리의 전 존재에서 매력적인 아름다움으로 물감처럼 배어 나오도록 해야 합니다.

다양한 문화적 차이를 넘어서 사랑하는 공동체를 이루는

법을 배울수록 하나님의 좋은 씨앗이 새로운 문화적 생명을 낳는 환경이 확장됩니다. 특히 우리는 소외된 문화의 주변부로 나가야 합니다. 문화 돌봄은 복음이 퍼져갈 길을 준비합니다. 문화 돌봄의 비전은 이념 갈등과 진영 논리로 황폐해진 우리 사회에 시사하는 바가 큽니다. 공동체를 살리고 공공선에 이바지하는 문화 돌봄의 비전과 실천이 한국교회에 절실합니다.

목회자의 영적 분별력 : AI 목회적 적용의 명암

챗GPT가 등장하여 주목을 끌기 시작한 직후에 한 목회자 모임에서 대책을 의논한 적이 있습니다. 미국 대학교에서 인공지능을 연구하고 있는 분을 모셔 와 강의를 들었습니다. 교수님은 이 기술이 가져올 사회 문화적 파장을 상세히 설명해 주었습니다. 특히 교육적인 면에서 일어날 수 있는 일들에 대해 주의를 환기시켰습니다. 예를 들어 AI가 기독교 진리를 왜곡하거나 나아가 반기독교적인 내용을 널리 퍼트릴 가능성에 대해 경각심을 가져야 한다고 했습니다. 모인 사람들이 모두 크게 공감했습니다.

문제는 대안으로 '기독교 챗GPT'를 만들어야 한다는 주장이었습니다. 자신이 이를 위해 연구비를 조성 중이라며 협력을 요청해 온 것입니다. 저의 고민은 거기서 시작되었습니다. 첫째는 '기독교 챗GPT'라고 할 때 그 경계를 어떻게 설정하느냐입니다. 둘째는 효용성의 문제입니다. 앞서 인터넷이 정보 독점을 끝냈다고 했습니다. 그리스도인이라고 해도 기독교 챗

GPT에만 의존할까요? 가능하다고 해도 바람직한 일인가에 대해서는 자신이 없었습니다. 몇몇 교회가 연구비를 지원하는 것이 지속 가능한 것인지도 의문스러웠습니다.

목회자를 위한 챗GPT 세미나도 유행하고 있습니다. 주로 이 기술을 설교 작성에 활용하는 방법에 관한 것입니다. 분명히 이것은 유익하나 그 유익은 제한적일 것입니다. 방법만 도울 수 있기 때문입니다. 유명한 설교자 마틴 로이드 존스(Martyn Lloyd-Jones)는 설교방법을 가르치는 책을 모두 불에 던져야 한다고 일갈했습니다. 방법에 집중하는 것은 설교에 해가 될 수 있기 때문입니다. 인공지능은 생성 과정인 방법을 자동화하는 기술입니다. 설교 작성 방법만 돕는 것이 아닙니다. 아예 그 과정을 대신할 수 있게 하려는 것입니다. 이는 설교의 기본 과정부터 인격적 요소를 말살하는 결과를 낳습니다.

목회자들을 상대로 인문학적 해석학을 강의한 적이 있습니다. 3주쯤 지나면 불만을 가진 이들이 나옵니다. 성경 해석을 알려면 해석이 어떤 작업인지를 숙고해야 하는데, 이 일에 인문학적 훈련이 어떻게 도움이 되는지를 이야기하는 데 많은 시간을 할애한 것에 대한 불만입니다. 예상하지 못한 것은 아니었습니다. 사실 강의를 시작할 때 성경 해석 태도의 변화가 강좌의 목적이라는 점을 강조합니다. 그런데도 배우기 원하는 것은 설교 방법입니다. 이해 못 할 일은 아니지만 안타까웠습니다. 설교는 성경을 일반적으로 '개연성' 있게 풀이하는 것이 아닙니다. 원어를 통달하고 해석 방법을 익힌다고 되는 것이 아닙니다. 전인격이 설교의 기반이 되어야 합니다. 인문학적 훈련도 그 일부일 뿐입니다. 설교의 핵심은 지금 여기에 모인 이들의 영적 상황에 부합하는가에 있습니다. 그렇기에 설교는 치열한 영적 씨름을 요구하는 전인격적 작업입니다. 인공지능이 결코 대신 해줄 수 없는 일입니다.

설교자의 영성과 경건한 인격을 대신할 수 있는 것은 없습니다. 목회에서도 인공지능은 인간이 해야 할 일을 도와주는 도구일 뿐입니다. 기술은 인간에게 도움만 주는 것이 아닙니다. 빼앗아 가는 것도 있습니다. 심지어 해를 끼칠 수도 있습니다. 스마트폰 이래 전화번호 암기 능력이 급감한 것은 모두가 아는 사실입니다. 이처럼 인공지능은 양날을 가진 검입니다. 장단점을 파악해 어디에 얼마만큼 사용할지를 분별해야 합니다. 그 분별력을 키우는 훈련이 목회자 소양의 중요한 부분이어야 합니다.

목회적 활용을 위해서는 무엇보다 인간 본질에 부합하는 방향으로 사용했는지 고려해야 합니다. 지능과 사고만이 아니라 감정, 의지, 관계가 인간의 자아를 구성하는 핵심입니다. 인간에게는 몸이 있습니다. 몸이 지정의의 기능을 갖추고 있습니다. 인간 지능의 특징은 '몸을 통한 사유'입니다. 탈 신체화된 인공지능의 정보와 본질적으로 다릅니다. 몸이 없는 지능은 기독교를 바로 이해할 수 없습니다. 복음의 핵심은 하나님이 육신을 입고 고통을 직접 '체휼'하심으로 보여주신 사랑입니다. 아울러 관계성도 인간 됨의 중요한 부분입니다. 따라서 목회의 핵심은 몸을 지닌 성도 공동체가 예배와 삶 속에서 이 사랑을 체험하게 하는 데 있어야 합니다.

오늘날 인터넷에는 전문가만이 접근할 수 있던 정보가 누구에게나 열려 있습니다. 정보 이용을 통제하는 것도 점점 더 어려워지고 있습니다. 실제로 고등학생이 폭탄 사이트에서 제조 방법을 배워 테러에 나선 경우도 있습니다. 이런 문제는 위험하고 반사회적인 사이트에만 국한되지 않습니다. 목회자와 신학자들은 신학 및 목회 정보를 제공하는 사이트에 대해 우려하고 있습니다. 그런 정보가 신앙생활 향상에 도움이 될 수 있지만, 평신도들이 지적으로 교만하고 비판적이 되어 그들의 헌신과 결심, 열의가 식을 수도 있기 때문입니다.

이런 상황 때문에 정보를 정확하고 책임감 있게 사용하는 방법을 가르치는 것이 필요합니다. 목회자들과 신학자들은 신학적·목회적 정보의 확장과 용이성을 걱정하는 대신 평신도들이 그 정보를 올바로 사용하도록 가르치고 그것을 풍부한 자원으로 활용할 방법을 개발하기 위해 노력해야 합니다. 정보는 지식과 같지 않고, 신실한 지혜와 믿음 그 자체는 더욱 아니기 때문에 정보로 인해 위협받을 이유가 없습니다.

스휴르만이나 슐츠 같은 기독교 학자들도 기술 자체나 그 활용을 반대하지는 않습니다. 단지 모든 기술이 유익한 것만은 아니므로 분별력 있게 사용할 것을 강조합니다. 기술의 바른 활용을 위해 제시한 '예, 그러나'의 원칙은 단순하지만 매우 유용합니다. '예'는 하나님께서 불완전한 기술도 사용하신

다는 믿음의 표현입니다. '그러나'는 어리석음과 오만과 같은 우리 안의 죄를 인정함을 말합니다. 이 원칙은 기술도 창조 세계를 "맡아 다스리라"는 성경적 문화명령(창 1:26-28)에 근거를 둔 것입니다. 기술의 바른 사용을 위해서는 성경과 신학뿐만 아니라 문화 전반에 관한 이해도 필요합니다. 고급 기술일수록 그것의 본질에 대한 충분한 반성이 병행되어야 합니다. 모든 기술은 사용 가능하지만 영적 분별력이 가장 중요한 요소이기 때문입니다.

슐츠는 고급 기술의 소유 자체보다 적절하게 사용하는 지혜의 중요성을 강조합니다. 아울러 하이테크에 매혹되어 전통적인 로테크(low tech)에 축적된 지혜를 잃지 않아야 하고, 기술 사용에 관한 다양한 주장을 비판적으로 검토해 세상의 기술을 성경적 진리에 따라 변혁적으로 사용하는 지혜가 있어야 한다고 강조합니다. 슐츠는 변혁적 분별력의 핵심은 '샬롬을 생각하는 것'이라고 했습니다. 샬롬은 창조주와 피조세계, 다른 인간들과 우리 자신이 조화를 이루며 살아가는 것을 의미합니다. 모든 기술은 첫째로 사용자가 하나님과의 관계에서 구속적 화평을 누리며, 둘째로 이웃과의 정의로운 공동체의 삶을 증진시키는 데 기여해야 합니다. 나아가 생태환경 보존에도 관심을 기울이는 기술이어야 합니다. 결국 가장 중요한 원칙은 채용하려는 기술이 하나님을 경외함과 창조세계 전체와 인류 공동체가 샬롬을 이루는 데 적합한지 여부입니다.[62]

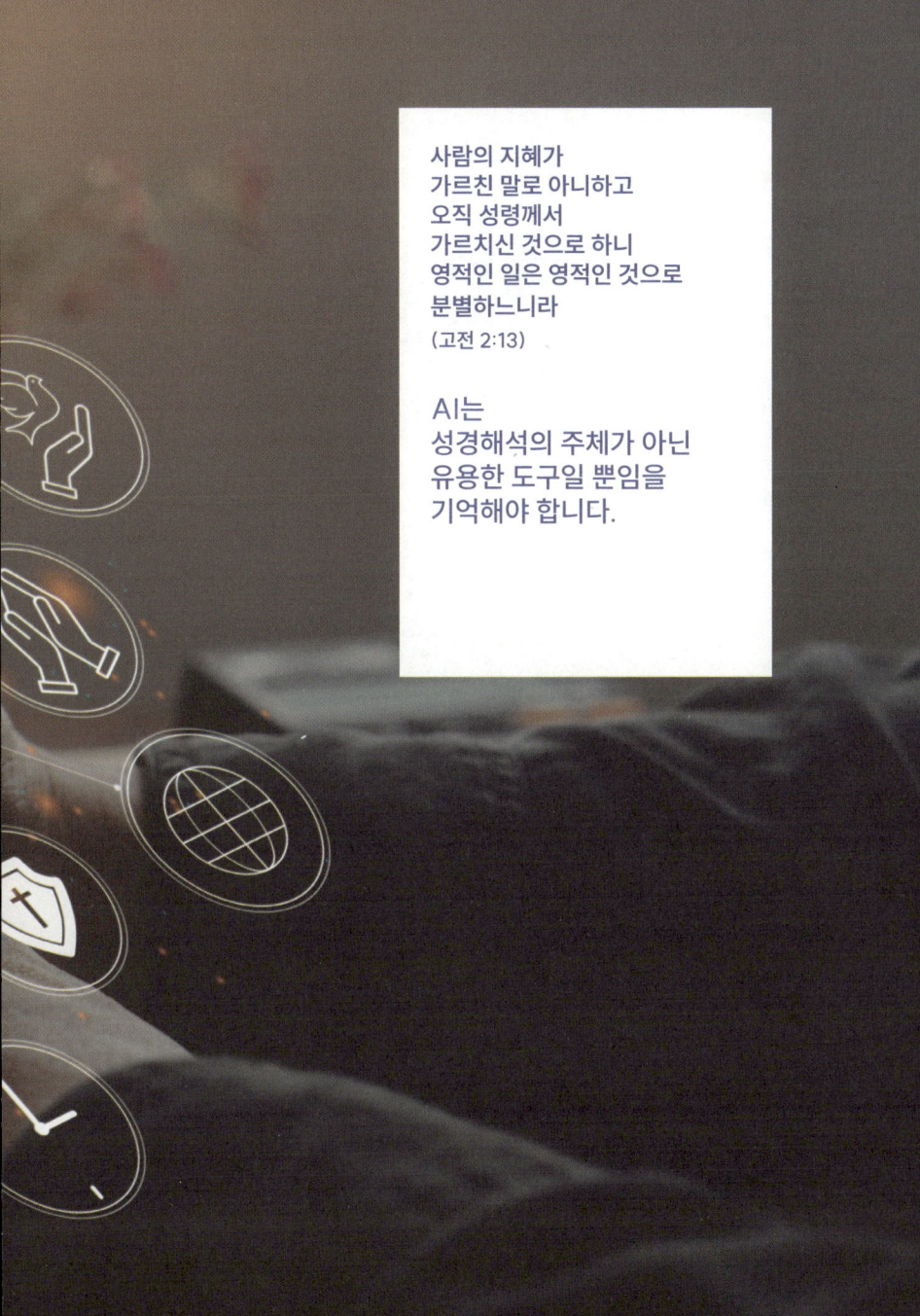

사람의 지혜가
가르친 말로 아니하고
오직 성령께서
가르치신 것으로 하니
영적인 일은 영적인 것으로
분별하느니라
(고전 2:13)

AI는
성경해석의 주체가 아닌
유용한 도구일 뿐임을
기억해야 합니다.

3장

성경해석과 설교를 위한 AI의 유용성

김희석

1. 성경해석이란 무엇인가
2. 성경해석의 기본적 원리 및 해석의 단계
3. 성경해석의 8단계 및 AI의 유용성
4. 결론

개혁신학의 관점에서 생성형 AI를 목회자들이나 성도들이 성경해석 과정에서 어떻게 활용할 수 있을까요? 필자는 AI 분야의 전문가가 아니며 성경해석에 전문성을 가진 학자입니다. 그러므로 순전히 성경해석을 전문으로 하는 사람으로서 목회자와 성도들에게 어떻게 도움을 줄 수 있을지, 다시 말해 성경해석에서 '인격적이거나 신학적인' 해석이 필요한 부분이 무엇인지를 밝힘으로써 과학 데이터 시스템이 어느 선까지 해석을 도울 수 있을지를 고찰해 보려고 합니다.

1. 성경해석이란 무엇인가

성경을 해석한다는 것은 사실상 매우 고된 과업입니다. 왜냐하면 성경은 우리와 같은 현대의 독자들이 처한 정황과는 전혀 다른 고대 근동의 정황 속에서 기록되었기 때문입니다. 구약성경 39권과 신약성경 27권 본문의 배경이 되는 상황들을 현대의 독자들이 이해하는 것은 사실상 불가능에 가깝습니다. 예를 들어, 히브리어로 기록된 구약성경을 어떻게 우리가 이해할 수 있겠습니까! 설사 한국어로 번역된 성경을 읽는다 해도, 수천 년 전 가나안 땅의 지리와 문화 등을 상세하게 살피지 않는다면, 일반 독자는 성경의 이야기나 가르침이 실제 구약 시대의 사람들에게 어떤 의미가 있었는지를 파악하는 것이 쉽지 않습니다. 이렇듯 서로 다른 정황 속에서 기록된 본문이 어떤 의미를 가지는지를 파악하는 작업을 우리는 '해석'(interpretation)이라고 부릅니다. 본문이 저술된 시기 즉 저자의 상황 속에서 독자가 이해한 바가 현대의 독자들에게 어떻게 전달될 수 있는가, 다시 말해서 고대의 글이 현대의 독자에게 어떤 '의미'(meaning)가 될 수 있는가의 문제가 해석이라는 작업의 목표입니다.

성경해석의 과정에서 우리는 여러 단계를 밟게 됩니다. 특별히 성경은 한 시점에 한 저자가 저술하지 않았고, 매우 오랜 기간에 걸쳐 다양한 저자들이 기록했기 때문에 매우 복잡한 해석의 과정을 거치게 됩니다.[63] 이러한 중에 가장 세밀하게 고려되어야 할 부분은 구약성경과 신약성경의 관계 그리고 성경과 교리의 관계입니다.

구약성경과 신약성경의 관계

정경은 구약성경 39권과 신약성경 27권으로 나뉘는데, 구약성경은 예수 그리스도의 성육신 사건 이전 단계를, 신약성경은 예수 그리스도 사건 즉 예수의 성육신, 수난과 죽음, 부활 그리고 그 이후의 신약교회 단계를 서술하고 있습니다. 구약성경의 모든 내용은 신약성경이 선언하는 핵심인 '예수 그리스도의 성취'를 향하고 있는데, 이를 개혁신학 언약적 관점에서 '구원계시의 점진적 발전'(Progress of Revelation, or progress of redemptive history)이라고 부릅니다. 이 표현은 설교자나 성

[그림] Leningrad Codex (출처: 위키피디아)

경 독자가 구약성경을 읽을 때 겪게 되는 어려움을 잘 드러냅니다. 신약성경은 예수 그리스도의 오심으로 인해 계시가 '성취된' 시대이기에, 신약성경에 기록된 표현들은 현대의 독자들이 있는 그대로 받아도 됩니다. 그러나 구약성경의 내용은 아직 예수께서 성육신하시기 이전 시대에 기록되었기에, 신약시대의 독자들이 있는 그대로 받아들이면 안 되는 부분이 있습니다. 예를 들면, 레위기에 기록된 5대 제사(번제, 소제, 화목제, 속죄제, 속건제)는 신약 시대에는 문자 그대로 지키지 않습니다. 구약성경에 기록된 이스라엘 민족이 지닌 정체성을 신약 시대의 우리는 있는 그대로 받아들이지 않고 신약 시대의 '성취'의 관점에서 해석하여, 구약 이스라엘 민족은 신약의 '교회'를 가리킨다고 봅니다. 이처럼 구약성경은 신약성경보다도 더 주의해서 해석해야 하는 부분이 있습니다.

성경과 교리의 관계

성경의 사건들은 특수한 시간에 특정한 공간 안에서(in space, in time) 발생한 사건들입니다. 이러한 성경의 다양한 사건들에서 나타나는 의미를 어떤 공간, 어떤 시간에 가져가더라도 적용될 수 있는 의미로 정리하는 것을 '보편화 작업'이라고 하는데, 이렇게 성경의 진리를 보편화시켜 놓은 것을 '교리'라고 부릅니다. 개혁신학 관점에서 보자면, 성경은 하나님의 진리를 우리에게 가르쳐 주는 계시의 책입니다. 그렇기에 우리는 성경을 기초로 하여 하나님의 진리의 말씀을 불신자들에게 전해야 하며, 또한 성도들에게 가르쳐 양육해야 합니다. 이렇게 성경의 내용을 교리로 정리하려고 할 때, 우리는 또한 세밀한 해석의 과정을 거쳐야만 합니다. 성경의 각 본문이 말하는 것을 종합하여 하나의 진리 체계로 정리해 내야 하기 때문입니다. 이러한 보편화 과정 즉 교리(조직신학)로 정리하는 과정은 단순한 데이터의 통합과정을 넘어서는 깊은 신학적 의미가 있습니다. 하나님께서 말씀을 깨닫게 해주시는 과정 즉 성령이 우리의 인격 전체를 조명해 주시는 은혜가 있을 때라야 성경의 각 부분을 진리의 체계로 이해해 낼 수 있게 됩니다.

위에서 설명한 두 가지 측면, 즉 구약성경과 신약성경을 연결하여 이해하고 성경의 각 본문을 진리의 체계로 종합해 내는 작업은 데이터를 수집하여 통합하고 서로 다른 의견들을 평가·비교하여 더 나은 결과를 도출하는 과학적인 수준에 머무르지 않습니다. 이 작업에는 구약과 신약의 관계를 어떻게 이해하는가에 따른 신학적 관점의 적용이 반드시 요구되며, 또한 하나님께서 말씀을 깨닫도록 빛을 비추어 주시는 조명의 은혜에 힘입어 해석에 참여해야 하는 신앙적·인격적 측면이 필수적으로 요구됩니다. 그렇기에 생성형 AI는 성경해석에서 객관적인 요소들에 대한 이해를 도모하는 부분에서는 적절히 활용될 수 있지만, 신학적 해석이나 적용의 측면에서는 그 유용성 여부를 판단함에 매우 주의해야 할 것입니다.[64]

2. 성경해석의 기본적 원리 및 해석의 단계

성경해석의 원리에 대해 조금 더 상세하게 살펴보도록 하겠습니다. 성경해석의 기본적 원리는 '역사적·문법적·신학적 해석'입니다.

역사적 해석

본문 당대의 역사적 배경을 근거로 해서 본문의 의미를 이해하려고 해야 합니다. 바꿔 말하면, 1차 독자(본문 당대의 사람들)에게 본문이 무슨 의미였는지를 파악해보는 것입니다. 신명기라면 모세 때 백성들에게, 이사야라면 주전 8세기 유다 백성들에게 어떻게 이해되었을지를 파악하기 위해서 그 당시 역사적 배경을 동원하고, 그 당시의 어휘적 의미를 살피는 등의 작업을 해야 합니다.

문법적 해석

본문의 의미는 '글'이라는 매개체를 통해서 우리에게 주어졌습니다. 그러므로 본문을 이해할 때 우리는 그 본문을 '글'로 대해야 합니다. 즉 형태소부터 시작해서 단어, 구, 문장, 문맥, 거시적 구조 등을 이해해야 합니다. 문법적 해석이란 형태소, 문장, 단락 구조, 거시문맥, 장르 등 문예적인 요소들을 통전적으로 고려하는 것입니다.

신학적 해석

신학적 해석이란, 위의 두 가지 방법을 통해 파악한 본문의 의미를 '보편화'하는 작업입니다. 본문은 특정 공간에서 특정 시간에 일어난 사건을 의미할 때가 대부분인데, 우리는 그 당시와는 전혀 다른 21세기 한국에 살고 있기에, 본문의 의미가 우리에게 실천적으로 활용될 수 있도록 하기 위해서는, 다시 말해 성경 시대 본문이 우리에게 '의미'가 되기 위해서는 '보편화' 작업을 거쳐야 합니다. 이를 위해 신학적 해석이 필요합니다. 이 부분부터는 해석자가 가진 신학의 틀이 작용하게 됩니다. 구약의 경우는 신약에서 그 성취가 이루어지므로 정경적 해석을 시도해야 하고, 신약까지 고려한 정경적 해석을 하고 나면, 예수 그리스도의 성취 안에서 본문의 보편적 의미를 찾아볼 수 있습니다.

이렇게 역사적·문법적·신학적 해석을 할 수 있을 때, 그 기초 위에서 다른 여러 방법론을 시도해볼 수 있습니다. 이 세 가지를 고려하지 않은 채 자기 생각이나 방법론을 본문에 집어넣는다면 '본문 해석'이 아닌 '자기 생각'이 됩니다. 자기가 하고 싶은 말을 아무 관련도 없는 본문을 빌어 대충 어휘나 문장을 가져와서 자의적으로 말하는 것이 됩니다. 이러한 해석은 본문해석이 아니라 자의적 의견 표출일 뿐입니다.

3. 성경해석의 8단계 및 AI의 유용성

이제 역사적·문법적·신학적 해석을 하기 위해 실제로 본문을 어떻게 다루어야 하는지 조금 더 세밀하게 살펴보도록 하겠습니다. 아래의 내용은 '구약 해석에 필요한 8단계'입니다. 본문을 해석한다는 것은 내가 살피려는 본문을 이러한 8단계의 과정을 거쳐 하나하나 연구해 나갈 때 얻을 수 있는 결과입니다. 여기서 한 가지 분명히 해둘 부분은, 이 8단계는 구약성경을 읽고 해석할 때 필요한 단계들이라는 점입니다. 구약 해석은 신약 해석보다 더 주의해야 할 점이 많이 있습니다. 신약은 예수님이 구약성경의 계시를 완성하심을 보여주는데, 구약성경은 그 예수님이 아직 오시기 전 시대에 기록되었기 때문에 신약과의 관계, 교리와의 관계 등에서 주의하여 살펴야 할 점들이 상당히 존재하기 때문입니다. 아래에 필자가 기술한 내용은 모두 구약성경을 해석한다는 전제하에 살펴보는 것임을 미리 밝혀둡니다.

1단계 : 본문을 독자의 언어로 번역하기
2단계 : 본문의 역사적 배경을 파악하기
3단계 : 본문의 핵심어휘 연구하기
4단계 : 본문의 장르에 대한 이해 도모하기
5단계 : 본문을 그 본문이 속한 책 안에서 이해하기(문학적 연구)
6단계 : 본문을 성경 전체의 흐름에서 이해하기(정경적 연구)
7단계 : 본문을 조직신학과 연결하여 이해하기(교리 연구)
8단계 : 본문을 현대의 독자들의 관점에서 이해하기(메시지 및 적용)[65]

이 중 1~4단계는 본문 해석의 준비단계라고 할 수 있으며, 5단계와 6단계는 본격적인 본문 해석의 단계이고, 7단계와 8단계는 해석을 정리하기 위한 마무리 단계입니다. 그러면 이

> 인공지능의 사용에 있어 신학적 해석과 적용의 측면에서는 많은 주의가 요구됩니다

제 각 단계에서 생성형 AI가 어떻게 사용될 수 있는지, 그 과정에서 주의할 점은 무엇인지를 고찰해 보겠습니다.

제1단계 : 본문을 독자의 언어로 번역하기

성경 본문을 이해하기 위해서는 기본적으로 네 종류의 데이터 패키지가 필요한데, 그 네 가지는 해석의 1~4단계에 각각 해당합니다. 그 첫 번째가 고대의 언어를 현대의 언어로 옮기는 '언어 패키지'입니다. 성경 본문의 어휘는 구약성경은 히브리어로, 신약성경은 헬라어로 기록되어 있습니다. 이 고대의 언어를 현대의 언어로 번역하는 것은 쉽지 않은 일이나, AI의 도움을 얻는다면 그리 어려운 일이 아닐 수 있습니다. 사실 번역의 문제는 해석의 문제와 깊이 연관되어 있어서 한 어휘가 가지는 기본적 의미와 그 해석학적 함의를 다 파악하는 것은 매우 어려운 일입니다. 그러나 1단계는 단순하게 고대의 어휘 혹은 문장을 현대 독자가 사용하고 있는 언어로 바꾸어 주는 일이기 때문에, 어느 정도 깊이 있게 형성되어 있는 데이터를 기반으로 하여 번역하는 것은 가능할 것입니다. 생성형 AI를 사용하여 구약성경 혹은 신약성경을 한국어로 번역하는 것은 충분히 유익합니다. 사실 이미 우리는 다양한 종류의 성경 번역본을 가지고 있기 때문에, AI가 히브리어나 헬라어뿐 아니라 기타 현대어 번역본들도 참조하도록 설정한다면, 상당한 수준의 한국어 번역 결과를 내놓을 수 있게 될 것입니다.

제2단계 : 본문의 역사적 배경 파악하기

본문 해석을 위해서 필요한 두 번째 데이터 패키지는 본문의 뒷배경이 되는 역사적 상황에 대한 자료입니다. 고대사회의 맥락에서 기록된 본문을 이해하려면, 그 당시의 정치적 상황, 경제적 상황, 문화적 관습, 사회적 맥락, 외교 상황, 지리적 정보 등이 필요합니다. 본문에 담겨 있는 이야기가 실제로 그 당시 사람들에게 무엇을 의미했는지를 알기 위해서는 현대의 독자들이 고대의 상황 가운데서 본문을 살펴야 하기 때문입니다. 예를 들어, 마리아가 예수님께 300데나리온 가치의 향유를 부어드렸다는 요한복음 12장의 이야기는 300데나리온

이 어느 정도의 가치인지를 파악해야 명확하게 그 의미를 알 수 있습니다. 이러한 역사적 정보들은 대부분 현대 학술자료에서 쉽게 찾을 수 있습니다. 그렇기에 생성형 AI는 이러한 정보들을 종합하여 본문의 뒷배경이 되는 역사적 정황을 재구성해낼 수 있다고 생각됩니다. 다만 성경 당시 역사의 세부적인 측면들에 관해서는 학자 간에 이견이 있을 수 있으며, 현재도 고고학적 발굴 등을 통해서 연구가 상시로 진행되고 있기에, 생성형 AI가 제공하는 정보가 어느 학자 혹은 어떤 학파의 의견이 반영된 것인지를 명확하게 분별해야 하는 경우가 있을 수 있습니다. 이러한 점에 주의한다면, 본문의 역사적 배경을 파악하는 2단계에서 생성형 AI는 유용하게 사용될 수 있을 것입니다.

제3단계 : 본문의 핵심어휘 연구하기

본문 해석을 위해서 필요한 세 번째 패키지는 본문에 나타난 핵심어휘에 대한 정보자료입니다. 우리가 어떤 본문을 이해하려 할 때, 그 본문에는 그 흐름에 핵심이 되는 어휘가 존재하기 마련입니다. 그런데 대부분 그러한 핵심단어는 성경 전체에서 중요하기에 구약 혹은 신약의 다른 본문에서도 사용되는 경우가 많습니다. 그리고 구약에서부터 신약에 이르기까지 그 단어는 계시의 발전이라는 흐름을 통해서 다양하고도 깊이 있는 발전의 양상을 드러내기도 합니다. 그렇기에 우리가 연구하려는 본문에서 그 핵심어휘가 어떻게 사용되었는지를 판단하기 전에 먼저 그 단어가 성경 전체에서 어떤 방식으로 사용되고 있는지, 큰 그림에서의 이해가 필요합니다. 한 어휘는 문맥에 따라서 다양한 함의를 가질 수 있으며, 그 함의가 성경 전체의 흐름에서 신학적 메시지를 도출하게 하는 중요한 기여를 할 수 있습니다. 그러므로 그 어휘가 성경 전체에서 갖게 되는 다양한 의미 현상들을 전체적으로 먼저 이해한 후에 내가 해석하고자 하는 본문에서 그 어휘가 어떤 방식으로 사용되었는지를 살펴야 하는 것입니다.

이러한 핵심어휘에 대한 연구는 대부분 이미 많이 이루어져 있습니다. 구약의 경우 TDOT(Theological Dictionary of the Old Testament)나 NIDOTTE(New International Dictionary of Old Testament and Exegesis), 신약의 경우는 이에 대응되는 TDNT(Theological Dictionary of the New Testament)나 NIDNTTE(New International Dictionary of New Testament Theology and Exegesis)등의 연구자료에 성경의 주요 어휘에 대한 연구가 이루어져 있고, 이 외에도 다양한 연구가 이미 존재하고 있으므로, 생성형 AI가 이러한 기존 연구자료들을 종합적으로 분석하여 한 어휘가 성경 전체에서 가지게 되는 큰 그림을 그려내는 것은 충분히 가능할 것으로 여겨집니다. 다만 어떤 어휘가 갖는 성경 전체에서의 큰 그림을 도출하는 작업을 실제로 수행할 때는 모종의 특수한 신학적 관점이 들어갈 가능성이 있으므로, 우리는 AI가 도출한 단어연구 결과가 어떤 자료에 근거하고 있는가를 분명하게 살필 필요가 있습니다.

제4단계 : 본문의 장르에 대한 이해 도모하기

본문 해석을 위해서 필요한 네 번째 패키지는 본문의 장르에 대한 이해입니다. 성경의 계시는 글이라는 매개체를 통해 우리에게 주어졌기에 본문을 잘 이해하려면 그 본문이 가지고 있는 글의 종류를 먼저 이해해야 합니다. 성경의 본문들은 크게 볼 때 내러티브(narrative)와 시(poetry) 두 가지 중 하나에 속한다고 할 수 있으며, 그 아래로 각각의 하위 장르가 다수 존재합니다. 장르를 이해하려는 것은 그 본문이 가지고 있는 전형적인 특징을 파악하기 위해서입니다. 사실 장르란 비단 성경뿐 아니라 우리의 일상에서 접하게 되는 글이나 영상에서도 존재하는 개념입니다. 문학 계통의 예를 들자면, 소설, 시, 에세이, 뉴스, 칼럼 등 여러 종류의 장르가 있으며, 그 장르가 전형적으로 추구하는 형태와 글의 흐름이 있습니다. 그 장르에 대하여 익숙하게 알수록 어떤 글에 대하여 더 잘 파악하게 되는 것은 분명합니다. 성경 본문을 연구할 때도 마찬가지로 장르에 대한 이해가 글의 구조와 메시지를 파악하는 데 큰 도움을 줍니다. 그 장르가 가지고 있는 전형적인 특징을 알고 있다면, 그 본문이 어떤 식으로 전개되고 어떻게 메시지를 전달할지를 알 수 있게 되기에, 그 본문에 대한 이해도가 매우 높아지게 됩니다.

성경의 장르에 대한 연구는 학계에 이미 많이 이루어져 있어서 AI를 통해 우리가 본문의 장르 정보를 어느 정도 쉽게 파악할 수 있습니다. 다만 조심해야 할 점이 있는데, 장르에 대한 연구는 성경이 하나님의 말씀임을 온전히 신뢰하지 않는 비평학계의 학자들도 많이 연구한 분야이기에, AI가 여러 자료를 통해 어떤 본문의 장르에 대한 의견을 구성해낼 경우, 비평학적인 의견을 담아낼 가능성이 상당히 높을 수 있습니다. 따라서 AI가 도출한 결과가 어떤 자료에 근거하고 있는가는 분명하게 살필 필요가 있습니다.

지금까지의 1~4단계는 본문 해석을 위한 네 가지 자료 패키지를 찾아보는 과정이었습니다. 본문을 한국어로 번역한 언어 데이터, 본문의 뒷배경이 되는 역사적 정황 데이터, 본문의 핵심어휘가 성경 전체에서 갖게 되는 함의의 큰 그림 데이터, 본문의 장르가 보이는 전형적인 요소를 이해하는 데이터였습니다. 이러한 해석적 데이터들은 그간 학자들에 의하여 깊고 넓게 연구되어 왔기 때문에 AI를 통해서 설교자들이나 성경의 독자들이 활용할 수 있는 수준의 정보를 충분히 제공할 수 있다고 판단됩니다. 다만 신학적 관점에 의해 자료구성이 달라질 수 있는 요소들이 없지 않기에 AI가 도출한 결과가 어떤 자료에 근거하고 있는가를 분명하게 살펴야 합니다.

이제 5단계와 6단계로 흐름을 이어가 보도록 합니다. 1~4단계가 해석을 위한 데이터를 모으는 준비과정이라면, 5, 6단계는 성경 본문을 해석하는 직접적 단계입니다. 따라서 이 단계에서는 해석자 즉 설교자나 청중의 인격적 해석의 능력이 적용됩니다.

제5단계 : 본문을 그 본문이 속한 책 안에서 이해하기(문학적 연구)

다섯 번째 단계는 해석의 대상이 되는 본문 자체를 들여다보는 과정입니다. 여기서 1~4단계에서 시도하지 않았던 한 가지 해석의 데이터가 더 필요한데 바로 문맥 데이터입니다. 예를 들어, 창세기 12장에서 아브람이 소명을 받아 하나님께서 장차 보여주실 땅으로 가는 장면을 생각해 봅시다(창 12:1-3). 이 장면을 이해하기 위해서는 아브라함의 인생을 길게 설명하고 있는 창세기 11~25장의 전체 흐름을 알아야 하며, 그 흐름에서 볼 때 앞부분에 해당하는 12장의 위치적 의미까지도 생각해야 합니다. 그런데 아브라함 이야기는 또한 창세기 1-50장 전체의 흐름 가운데서 이해되어야 하는 측면 역시 존재합니다. 그렇기에 한 본문을 이해한다는 것은 그 책 전체에서 해당 본문이 어떤 의미를 갖는지 찾아내야 함을 뜻합니다.

문맥을 살핀다는 것은 본문의 구조를 살피는 것을 포함합니다. 어떤 메시지를 전달하기 위해서 본문이 어떤 방식으로 이야기를 전개하고 있는지를 살피는 것이기 때문입니다. 결국 구조는 '본문 범위 안에 존재하는 문맥'이라고도 할 수 있습니다. 지금까지 이야기한 것처럼 5단계에서는 책 전체에서 해당 본문이 갖는 위치적 함의와 그 구조가 가지는 의미 등을 살펴야 합니다. 그런데 이러한 부분에 대해서는 학자들이 주석 및 논문을 통해 상당히 연구해 놓았기에, AI가 그러한 자료들을 분석·종합하여 설교자를 비롯한 독자들이 사용할 수 있는 기본자료를 통해 구성해내는 것이 가능할 것입니다.

그런데 여기서 우리가 주목해야 하는 한 가지 단계가 더 존재합니다. 그것은 바로 본문이 말하고자 하는 종합적인 메시지를 찾아내는 것입니다. 종합적 메시지란 본문이 저술된 시기 즉 저자의 시대 혹은 1차 독자의 시대에 본문이 그 당시 사람들에게 던지는 의미를 말합니다. 다르게 표현하면, 이는 구약 당시의 의미이며, 아직 신약에서 예수님이 오셔서 계시를 모두 성취하시기 이전 단계에 본문이 전달한 의미라고 할 수 있습니다. 이 의미를 찾기 위해서는 1~4단계의 데이터 및 5단계에서 살핀 문맥 데이터를 모두 종합해야 합니다. 그렇게 할 때 우리는 해당 본문이 갖는 구약 당시의 의미를 파악할 수 있게 됩니다.

> 기존에 연구된 자료들을 분석하고 종합하는 일에 인공지능은 유용한 도구가 될 수 있습니다

그런데 바로 이 단계에서 우리는 AI가 할 수 있는 역할에 한계점이 있다는 것을 말하지 않을 수 없습니다. AI는 주어진 정보들을 종합하여 판단을 내리는데, 5단계 말미에 우리가 시도하게 되는 '구약 당시의 의미'를 찾는 작업은 단순한 기계적 분석이나 종합과는 다른 인격적인 의사결정을 요구하기 때문입니다. 이러한 작업은 사실상 '주해' 혹은 '주석' 작업에 해당하는데, 성경신학자들이 주석을 저술하거나 주해 논문을 작성할 때 항상 동일한 결과가 나오지는 않으며, 연구자에 따라 다른 해석이 도출되는 경우도 상당합니다. 성경 본문의 의미적 범주나 교리적 범주 안에서 본문이 해석된다면 그 해석의 가능성을 받아들이는 것이지, 하나의 본문에 하나의 답변이 정해져 있는 것은 아니기 때문입니다. 물론 구약성경이 예수님을 예표한다든지 혹은 성경이 영감된 하나님의 말씀이라는 것과 관련된 본문 해석은 정확하게 답변이 주어져 있는 것이 맞습니다. 그러나 구약 본문 하나하나에 대하여 모든 주석이 동일한 답변을 제공하는 것은 아닙니다. 만약 그런 답이 정해져 있다면, 세상에는 오직 한 권의 주석만이 존재할 것입니다. 다시 말해, 주석 혹은 주해 작업 곧 '구약 당시의 의미'를 찾는 과정은 기계적인 논리의 종합 이상의 개입이 분명히 필요합니다. 즉 독자가 가진 인격적 관점과 본문을 꿰뚫어 보는 종합 능력 등이 요구되는 것입니다. 그렇다면 과연 AI가 이런 작업을 수행할 수 있을지 의문이 들 수밖에 없습니다. 또 할 수 있다손 치더라도, 그 해석을 인간 주석가가 시도한 해석의 수준으로 우리가 받아들일 것인지도 생각해 보아야 합니다. 만약 그것을 받아들인다면 AI를 한 인격을 지닌 존재로 인정하는 것이 되기 때문입니다.

제6단계 : 본문을 성경 전체의 흐름에서 이해하기(정경적 연구)

이제 다음 단계로 넘어가 봅시다. 5단계에서 살펴본바 구약적 의미는 아직 더 확장되어야 하는 의미의 범주를 남겨놓고 있습니다. 구약성경은 구약으로 마치지 않고 장차 오실 예수님을 예표하고 있기 때문입니다. 위에서 언급한 바와 같이 개혁신학에서는 언약신학적 관점으로 본문을 해석하여 '계시의 점진적 발전'이라는 관점에서 모든 성경을 이해합니다. 구약의 본문은 장차 오셔서 구약의 모든 내용을 성취하실 예수님을 내다보고 있습니다. 다르게 표현하면, 우리가 위의 6단계에서 살펴본 '구약적 의미'는 신약성경에 이르러 예수 그리스도 사건을 통하여 '성취된 의미' 즉 '신약적 의미'에 도달하게 됩니다. 따라서 구약의 본문을 해석할 때 우리는 그 본문의 의미가 신약성경과 어떻게 연결되는지를 생각해야만 합니다.

이 부분에서 우리는 구약과 신약의 관계를 어떻게 이해할지에 대한 여러 관점 중 하나를 선택해야만 합니다. 위에서 언급한 것처럼 계시의 발전이라는 언약신학적 관점에서 볼 것인지, 아니면 그 외의 다양한 다른 관점에서 볼 것인지를 결정해야 하는 것입니다. 바로 이 지점에서 AI의 효용 가능성이 재고될 수밖에 없습니다. AI는 구약의 의미를 신약과 자동적으로 연결하려 하지 않을 것입니다. 만약 그러한 조건을 추가하여 답을 구하도록 설정한다 하더라도, '계시의 점진적 발전'에 의하여 구약의 본문을 자세히 해석하는 것은 쉽지 않습니다. '계시의 점진적 발전'의 관점에서 구약의 모든 본문을 상세히 해석해 놓은 자료가 사실상 많이 존재하지 않기 때문입니다. 주석들을 살핀다 하더라도 매우 소수의 주석만이 그러한 관점에서 구약 본문을 해석하고 있으며, 그마저도 서로 다른 해석을 내놓고 있는 경우가 많습니다. 즉 AI가 참고할 수 있는 자료들이 현저히 부족하기 때문에 AI는 계시의 발전에 근거한 본문 해석의 자료를 제공하기가 쉽지 않을 것입니다. 이 6단계의 해석, 즉 구약과 신약을 연결하는 '정경적 의미'를 찾는 과정은 계시의 발전이라는 관점을 충분히 숙지한 인격적인 존재가 본문과 씨름하는 과정을 거쳐서 상세한 답변을 도출할 수밖에 없습니다.

제7단계 : 본문을 조직신학과 연결하여 이해하기(교리 연구)

5단계에서 구약적 의미를 찾았고 6단계에서 신약과 연결된 정경적 의미를 찾았다면, 7단계는 한 걸음 더 나아갑니다. 바로 '교리적 의미'를 찾는 단계입니다. 구약과 신약에 기록된 내용은 모두 특정한 시간과 특정한 공간에서 특정한 인물에게 발생한 사건 혹은 예언이나 말씀에 대한 기록입니다. 그런데 우리가 궁극적으로 얻고자 하는 성경의 의미는 특정 공간, 특정 시간, 특정 존재에게 제한된 의미가 아니라 더 포괄적인 의

> 정경적 연구,
> 교리 연구,
> 적용의 단계에서
> 인공지능의 역할은
> 제한되어야 합니다

미입니다. 다시 말해 성경해석의 궁극적인 지점은 '보편적 의미'를 얻는 것입니다. 어떤 시간, 어떤 공간, 어떤 대상에게 적용하더라도 그 효력이 항상 존재하고 그 효력의 강도와 범위가 동일한 의미여야 하는 것입니다. 이렇게 성경의 의미를 체계적이고 조직적으로 정리한 것을 '교리'라고 부르며 이는 신학분과 중에서 '조직신학' 분과의 연구 대상입니다.

구약의 특정 본문에서 '보편적 의미'를 찾아내는 작업에는 인격적인 해석의 과정이 반드시 포함되어야 합니다. 보편적 의미란 구약이나 신약의 어느 한 본문의 의미만이 아닌, 해당하는 성경 전체의 구절들을 모두 종합한 의미를 뜻하기 때문입니다. 이렇게 전체를 종합하기 위해서는 여러 거시적인 선이해가 필요합니다. 성경의 영감에 대한 문제, 계시의 성격에 대한 문제, 구약성경이 과연 예수님을 예표하는지에 대한 입장, 구약이 예수님을 어떤 방식으로 예표하는지에 대한 이해 등 다양하고도 중요한 관점들이 교리체계를 세우는 데 연관되기 때문입니다. 그렇기에 AI는 성경 본문에서 교리의 의미를 찾아낼 때 객관적이기 어렵습니다. 특별히 우리가 추구하는 개혁신학적 관점에서 성경 본문의 교리적 의미를 찾기는 더 쉽지 않습니다. 만약 어떤 교리에 대한 근거 구절을 찾으라고 하면 AI가 대답할 수 있을 것이나, 어떤 성경 본문에 대한 해석을 시도한 후 그 해석이 어떤 교리에 대하여 어떤 신학적 입장을 보이는지를 결정하라고 하면, AI는 개혁신학적인 의미에서의 답변을 충실하게 보이지 못할 가능성이 아주 높습니다. 또한 만약 이러한 신학적 의미의 도출이 AI를 통해 가능하다고 판단한다면, 이는 곧 '개혁신학의 구성과 발전 자체를 AI에게 맡길 수 있다'라는 판단으로 이어질 수밖에 없습니다. 즉 본문 해석에서 교리로 의미를 체계화하는 작업은 인격적인 판단이 들어가는 과정이며, 신학적인 입장이 충분히 반영되어야 하는 종합적인 해석의 과정일 수밖에 없습니다. 그렇기에 개혁신학적 관점으로 깊이 있게 훈련받은 사람만이 이러한 과정을 책임 있게 감당할 수 있습니다. AI의 역할은 이 부분에서는 매우 제한되어야 한다고 판단됩니다.

제8단계 : 본문을 현대 독자의 관점에서 이해하기(메시지 및 적용)

해석의 마지막 단계는 적용입니다. 5단계에서 구약적 의미, 6단계에서 신약적 의미, 7단계에서 보편적 의미를 찾아냈다면, 이제는 성경을 읽는 현대의 독자 곧 우리에게 그 본문이 어떤 의미가 있을지를 찾아내야 합니다. 이것이 설교의 마지막 부분인 메시지화 및 적용의 단계입니다. 메시지화란 본문의 의미가 우리가 살아가는 21세기 대한민국이라는 특정 시간, 특정 공간, 특정 대상에게 어떤 의미가 될 수 있을지를 풀어 서술하는 작업입니다. 그리고 적용이란 그 메시지가 우리의 일상에 어떤 실천으로 이어질 수 있을지를 판단하는 작업입니다.

이러한 작업은 설교에서 빠질 수 없는 설교의 궁극적인 완성지점이라고 할 수 있습니다. 물론 적용의 유용성에 대해서는 설교자나 성경 독자들에 따라 다양한 입장이 있을 수 있겠으나, 적용이 본문 해석이나 설교의 최종 완성지점이라는 사실은 부정할 수 없을 것입니다.

그렇다면 메시지화나 적용의 단계에서 AI가 어떤 유용성을 지닐 수 있을까요? 여기서 중요한 것은 '독자' 혹은 '해석자'의 역할입니다. 개혁신학적 관점에서 볼 때, 독자와 해석자는 위의 1~7단계의 과정 가운데서는 매우 수동적인 역할을 수행하게 됩니다. 다시 말해 본문의 의미는 독자나 청중이 결정하는 것이 아닙니다. 구약적 의미, 신약적 의미, 보편적 의미는 성경 본문에 의해, 다시 말해 계시를 주신 성경의 저자이신 하나님에 의해 이미 결정되어 있습니다. 설교자나 독자는 1~7단계에서 그 의미를 찾아 잘 살피는 수동적 역할을 담당할 뿐입니다. 그러나 8단계에서는 다릅니다. 8단계는 이미 주어지고 완성된 성경 본문의 의미를 우리의 삶에 어떻게 가져올 것인지에 대한 과정이기에 독자가 보다 적극적으로 개입하게 됩니다. 설교의 경우에는 설교자가 이 적용의 문제에 적극적으로 나서서 청중에게 적용점을 전달하며 도전하게 됩니다. 결국 이 과정은 해석자, 설교자, 성경의 독자가 적극적으로 참여하는 과정입니다. 또한 이러한 적용과정에는 성령의 역사하심이 필수적입니다. 자신의 삶에 말씀이 부딪치게 되는 경험은 단순한 인간의 역사가 아닌 말씀의 주인이신 하나님의 역사이며, 말씀을 깨닫게 하시는 성령의 능력으로만 가능한 일입니다. 그렇기에 8단계의 적용에는 성령의 역사하심이 반드시 필요합니다.

여기서 우리는 이러한 독자의 참여 및 성령의 역사 부분을 AI가 대체할 수 있는지에 대하여 진지하게 고찰할 필요가 있습니다. 필자는 그런 대체는 불가능하다고 생각합니다. AI가 8단계 부분에 대하여 어떠한 의견을 제시할 수 있을지는 몰라도, 그것은 단순한 기계적인 작업일 뿐, 실제로 말씀이 사람의 영혼에 부딪히게 하는 과정은 되지 못합니다. 오직 성령이 역사하셔서 설교자와 성경의 독자, 말씀을 듣는 청중이 그 본문의 메시지에 부딪히고 압도되게 될 때라야 진정한 8단계의 실행이 이루어질 수 있게 되기 때문입니다.

4. 결론

성경해석이란 기계적인 절차에 따른 자료 수집 이상을 의미합니다. 성경해석에는 신학적 관점이 필수적으로 요청되고, 그 신학적 관점을 따라 성경을 해석하기 위해서는 해석자의 인격적인 통전적 고찰이 요구됩니다. 또한 본문의 내용을 메시지화하고 적용할 때는 해석자가 적극적으로 해석의 과정에 동참하게 됩니다. 그리고 이 모든 과정에서 성경의 계시자이신 하나님의 역사하심이 필요합니다. 특별히 계시를 깨닫게 하시는 성령 하나님의 조명하심이 필수적입니다. 그러므로 성경해석은 기계적인 자료 통합의 결과로서 의견 제시 정도에 머무는 과정이 결코 아닙니다. 하나님께서 주신 말씀을 성령님의 조명하심 아래서 성경을 읽는 해석자(설교자 및 독자)들이 다양한 자료에 대한 분석, 신학적 고찰, 삶에 대한 통찰 등을 모두 포괄하여 결론을 도출하게 되는 인격적·신학적·신앙적 작업입니다.

우리는 이러한 이해를 바탕으로 하여 성경해석 과정에 도움이 되는 선에서 AI를 활용할 수 있을 것입니다. AI 활용의 유용성이란 'AI가 얼마나 유용한가'에 달려 있는 문제가 아닙니다. AI는 그 일반적인 유용성의 측면에서 매우 발전해왔고 앞으로도 계속 눈부신 발전을 거듭해 나갈 것입니다. 그러나 성경해석은 자료의 수집이나 삶에 대한 통찰로 완료되는 과정이 아니며, 성령의 역사하심 및 해석자의 인격적 동참이 반드시 있어야 하는 과정입니다. 그러므로 AI의 유용성은 이러한 점들에 AI가 도움을 줄 수 있는 수준까지만 판단이 가능합니다. 성경해석은 AI에게 달려 있지 않고, 성령님의 도우심을 받는 해석자(설교자 및 독자)에게 달려 있는 인격적 작업인 것입니다. 우리가 AI를 독립된 하나의 인격체로 받아들이지 않는 한 (그렇게 될 수 없다는 것이 필자의 믿음입니다), AI는 성경해석에서 주체나 중요한 한 축이 될 수 없으며, 유용한 도구 정도로 활용되어야 합니다.[66]

그 도구적 유용성에서 우리는 두 가지를 항상 주의해야 합니다. 첫째, AI의 자료가 어떤 신학적 관점에 근거한 것인지를 살펴서 개혁신학적 입장에서 자료가 제시되도록 해야 합니다. 둘째, 그 자료의 출처가 어디인지를 찾아서 그 자료의 신뢰성을 항상 점검해야 합니다. 이를 잘 기억할 때 우리는 성경해석에서 AI를 제한적으로 필요한 바에 따라 유용하게 활용할 수 있을 것입니다.

아무쪼록 AI의 등장과 활용이 우리의 신학함과 목회함에 바르게 사용되어 복음을 전파하고 교회를 세우는 일에 도움이 되기를 기대합니다.

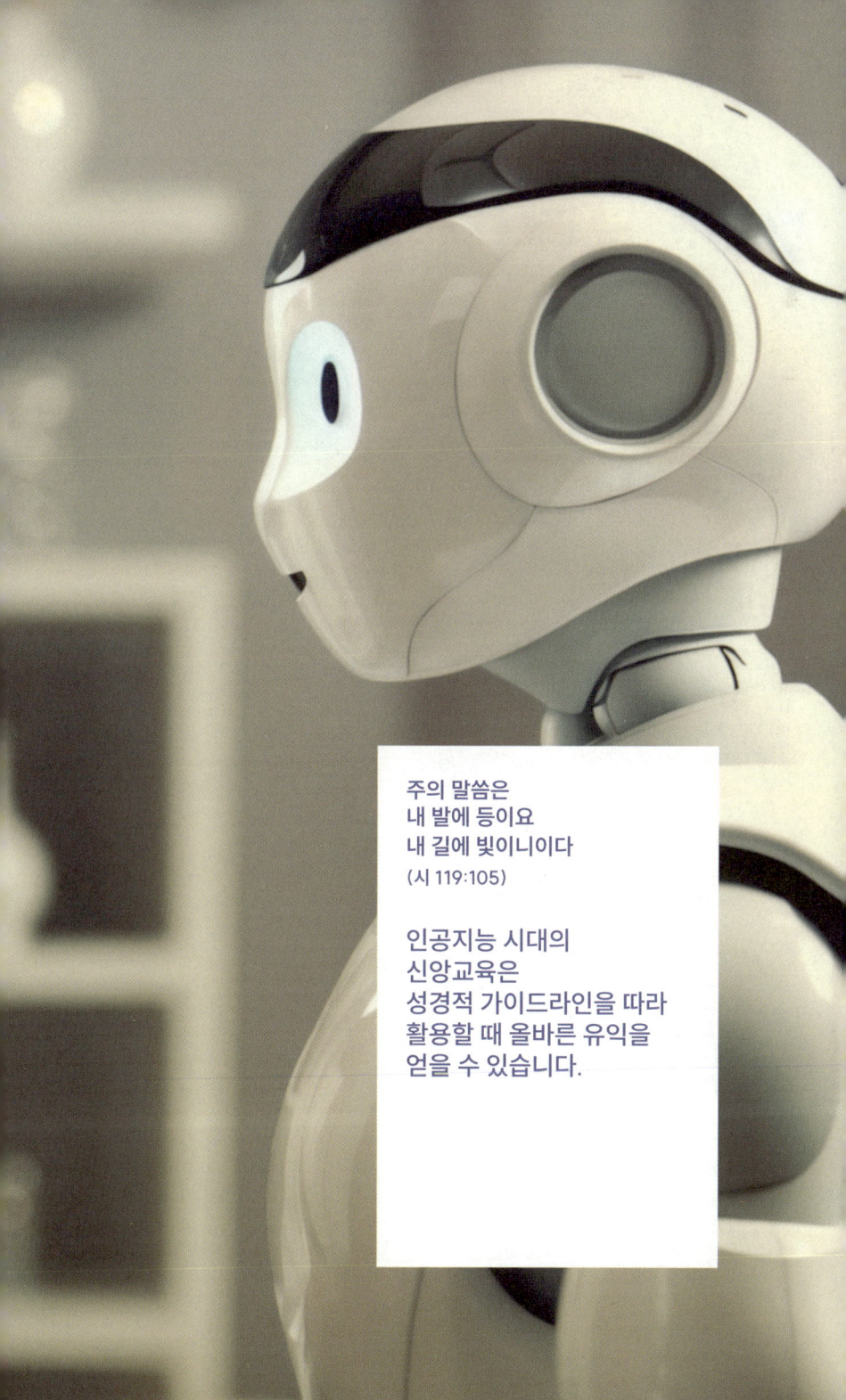

주의 말씀은
내 발에 등이요
내 길에 빛이니이다
(시 119:105)

인공지능 시대의
신앙교육은
성경적 가이드라인을 따라
활용할 때 올바른 유익을
얻을 수 있습니다.

4장

인공지능 기반
에듀테크를 활용한 신앙교육

함영주

1. 인공지능 시대의 교육 현상
2. 기독교교육 관점으로 본 인공지능 교육
3. 인공지능 에듀테크 활용의 유익 및 활용 영역
4. 인공지능 활용 기독교교육의 유의점
5. 인공지능 에듀테크 활용 기독교교육 방법
6. 인공지능 에듀테크 사용 가이드

1. 인공지능 시대의 교육 현상

우리 일상의 일부가 되고 있는 인공지능과 그것을 활용한 다양한 기술은 우리 사회 전반에 상당한 영향을 끼치고 있습니다. 긍정적 측면에서 볼 때 인공지능 기술은 그동안 인간이 하지 못했던 복잡한 연산을 손쉽게 계산할 수 있게 하였고 수많은 자료를 단시간에 분석하여 정확하게 정리된 데이터를 산출하도록 만들어 주었습니다. 또한 인공지능이 탑재된 기계와 로봇을 활용하여 사무자동화 시스템을 구축하고 이를 통해 단순반복 작업을 효율적으로 수행할 수 있도록 하였습니다. 더구나 인공지능은 모빌리티(Mobility)와 헬스케어(Health care) 산업에 직접적으로 영향을 주어 인간의 삶을 편리하고 윤택하게 만들어 주고 있습니다. 최근에는 온-디바이스 AI(On-device AI) 기술을 활용하여 경량화된 인공지능 탑재 기기를 제작해 손쉽게 각종 업무를 처리할 수 있도록 하고 있습니다. 물론 인공지능 기술로 인해 인간의 일자리 감소, 보안 및 개인정보 침해, 데이터 및 알고리즘 편향성 등 다양한 윤리적 문제가 야기되기도 합니다. 하지만 이러한 부정적인 영향에도 불구하고 인공지능 기술을 활용한 혁신적인 아이디어와 기술의 발전으로 향후 우리의 일상은 더욱 편리해질 것이라는 사실을 짐작할 수 있습니다.

우리 사회에서 인공지능 기술이 적극적이고 보편적으로 활용될 영역 중 하나가 바로 교육계입니다. 이미 교육계에서는 4

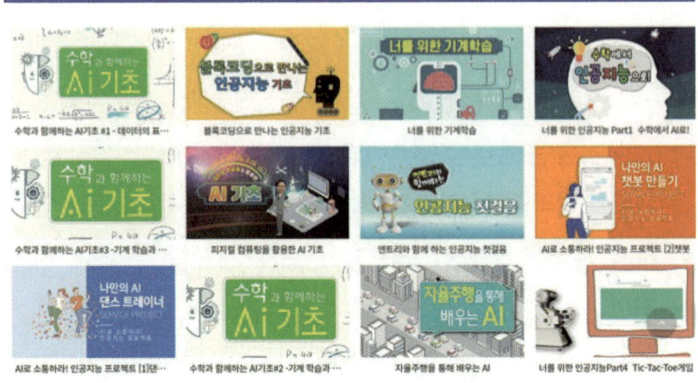

[그림] EBS에서 제공하는 인공지능 강좌 (출처: EBS 이솦)

차 산업혁명 시대에 발전된 과학기술을 활용한 다양한 교육 방법을 사용하여 학습자를 교육하고 있습니다. 이를 일컬어 에듀테크(EduTech)라고 부릅니다. 에듀테크는 교육(Education)과 기술(Technology)의 합성어로 인공지능, 인터넷, 로봇, VR/AR 등 첨단 과학기술을 교육에 활용하는 것을 의미합니다.[67] 과거 전통적인 교실에서는 정보의 전달자인 교사가 주체가 되어 말과 강의를 통해 학습자에게 정보를 전달하는 방식이 주요한 교육방법이었다면, 오늘날 현재의 교실에서는 인공지능이나 인터넷이 정보를 제공하고 학생들은 빅데이터, 사물인터넷, 로봇, VR/AR 등 에듀테크를 활용하여 문제를 해결하는 교육활동이 확산하고 있습니다. 이러한 에듀테크는 미래 교육방법을 혁신적으로 바꿀 것으로 예상하는데 '교육방식의 변화, 자기주도학습, 인공지능 기반 맞춤형 학습, 학습 소셜 러닝, 게임과 VR을 통한 몰입형 학습, 비정형 학습과 학습 경험 설계' 등의 방향으로 교육이 실행될 것으로 예측됩니다.[68] 물론 인공지능을 활용한 기술을 지금보다 더 적극적으로 교육 분야에 활용하기 위해서는 그 기술과 기법들이 지금보다는 더욱 사용하기 쉬워야 하고 실제 교육에 활용했을 때 교육적 유익이 확보되어야 합니다. 그렇기에 여전히 보완해야 할 점이 많은 것도 부인할 수 없는 사실입니다.[69] 그럼에도 불구하고 앞으로 과학기술과 인공지능을 기반으로 한 에듀테크 활용은 지금보다 훨씬 더 활발하고 고차원적인 수준에서 이루어질 것입니다. 이 점에서 인공지능을 포함한 첨단 과학기술이 우리의 교육 패러다임을 혁신적으로 바꿔 가고 있다고 말할 수 있습니다.

한편 일반 교육에서 과학기술과 인공지능을 적극적으로 활용하는 추세와 달리 기독교교육의 영역에서는 그 활용 정도가 아직까지 활발하지 않으며, 또한 이러한 기술을 활용하는 것에 대하여 다양한 의견이 존재하는 것도 사실입니다. 한쪽에서는 성경의 내용을 가르치는 데 굳이 일반교육에서 사용하는 기술과 방법을 사용할 필요가 있겠느냐는 '신중론적' 입장을 보이고, 또 다른 한쪽에서는 하나님의 말씀이라는 신앙의 진리를 더욱 잘 가르치기 위해서는 현대 학습자에게 맞는 다양한 미래형 교육방법을 적극적으로 사용해야 한다는 '활용론적' 입장도 있습니다. 물론 양쪽 모두 하나님의 말씀을 사랑하고 그것을 다음 세대에게 명확하고 철저하게 가르쳐야 한다는 대명제는 동일합니다. 다만 오늘날 등장하는 다양한 에듀테크 기술을 활용하면 변화하는 시대에 변하지 않는 하나님의 말씀을 효과적으로 가르칠 수 있는 또 다른 교육 수단을 하나 더 갖게 되는 것이기 때문에 신학적인 타당성만 확보할 수 있다면 이러한 기술을 기독교 신앙교육에 활용하는 것은 큰 의미가 있다고 봅니다. 특히 현대 과학기술의 결정체인 인공지능을 신앙교육에 활용할 경우, 교수자 중심의 집단교육이 가진 약점을 보완하여 각 개인에게 맞는 맞춤형 신앙교육을 실천할 수 있고 현재 문제 풀이 중심의 교회교육을 경험을 통한 문제해결 중심으로 바꿀 수 있는 가능성이 더욱 커집니다. 이러한 점에서 기독교교육의 영역에서도 인공지능을 활용한 교육방법을 적절히 활용하여 교육의 효과를 더 높일 필요가 있습니다.

2. 기독교교육 관점으로 본 인공지능 교육

현대 교육활동에서 인공지능은 다양한 방식으로 활용되고 있습니다. 교육부는 인공지능을 포함한 디지털 교육을 크게 두 방향으로 구분하고 있습니다. 하나는 디지털 소양을 함양시키기 위한 '디지털에 대한 학습'(learning about digital)이고 다른 하나는 디지털 기술을 활용하여 학습에 활용하는 '디지털과 함께하는 교육'(learning with digital)입니다.[70] 서울시 교육청의 경우 인공지능과 관련한 교육을 인공지능 자체에 대하여 배우는 인공지능 이해 교육, 인공지능 기반 도구를 교육적 효과를 높이고 문제를 해결하기 위하여 사용하는 인공지능 활용 교육, 데이터를 기반으로 교과목 간의 융합에 인공지능을 사용하는 인공지능 융합 교육 등 세 방향으로 구분하고 있습니다.[71] 인공지능과 관련한 교육을 목적과 관점에 따라 다양한 방식으로 구분할 수 있으나 본 장에서는 크게 두 가지로 구분하여 설명하고자 합니다. 하나는 인공지능에 대한 교육이며 다른 하나는 인공지능 활용 교육입니다.

인공지능에 대한 교육은 인공지능을 어떻게 이해할 것인지에 대한 교육과 인공지능과 관련된 윤리를 교육하는 것을 포함합니다. 인공지능에 대한 교육은 인공지능을 활용하기 위한 기초교육으로서 인공지능이 무엇인지를 알고 어떠한 윤리적 규범을 준수해야 하는지를 세부적으로 교육하는 것입니다. 반면에 인공지능 활용 교육은 인공지능에 대한 이해를 기반으로 실제 인공지능이 탑재된 기기 및 프로그램을 어떻게 사용할 것인지에 대하여 교육하는 것과 이것을 교육현장에서 실제로 활용할 경우 기존의 교과 내용과 어떻게 융합하여 교육을 진행할 것인지에 대한 내용을 포함하고 있습니다. 즉 인공지능에 대한 교육이 인공지능과 관련된 교육내용(contents)에 해당한다면 인공지능 활용 교육은 교육방법(methods)과 관련되어 있다고 볼 수 있습니다. 앞서 언급한 인공지능 관련 교육을 세분화하면 네 영역으로 구분할 수 있는데 인공지능 이해(AI understanding), 인공지능 윤리(AI ethics), 인공지능 활용(AI application), 인공지능 융합(AI convergence)입니다.[72]

<표> 인공지능 교육과 기독교교육 방향[73]

개념	세부영역	신앙적 개념	기독교 인공지능 교육 내용
인공지능 이해	인공지능의 개념	하나님의 형상	하나님, 인간, 인공지능의 관계
	컴퓨터 인식과 데이터	진리 인식	하나님의 계시, 인간의 진리 인식, 인공지능의 데이터 처리
	인공지능의 표현과 추론	하나님과의 관계	하나님, 인간, 인공지능 커뮤니케이션
	인공지능의 학습	자유의지와 창조성	인간의 의지 및 행동, 인공지능의 학습방법
인공지능 윤리	인공지능 설계 및 데이터 윤리	영적 분별력	데이터 편향성과 신앙적 분별력
	인공지능의 사회적 영향	이웃 사랑	인간과 인공지능의 역할과 공존
인공지능 활용	인공지능 소프트웨어의 활용	신앙교육과 성화	인공지능을 탑재한 신앙교육 프로그램 학습
	빅데이터의 분석과 활용	인간의 특수성과 보편성	인공지능 기반 개인 맞춤형 신앙교육
	인공지능 로봇의 활용	인간 존재와 문화명령	인공지능 기반 로봇의 신앙교육적 활용
인공지능 융합	인공지능과 인문학	신학적 인간론	인공지능을 활용한 성경공부 활동과 문제해결
	인공지능과 사회과학	신앙공동체	
	인공지능과 자연과학	창조세계	
	인공지능과 예술체육	기독교 문화관	

첫째, 인공지능 이해 교육은 인공지능의 개념과 역사, 인공지능이 인식하는 방식, 데이터 학습의 원리 등을 다루는 교육입니다. 즉 인공지능에 대한 기본적인 이해와 지식을 습득하기 위한 교육입니다. 인공지능 이해 교육의 하위영역으로 인공지능의 개념, 컴퓨터 인식과 데이터, 인공지능의 표현과 추론, 인공지능의 학습 등이 있습니다.

인공지능의 개념에서는 인공지능이 무엇인지에 대한 기초적인 이해와 인공지능 개발의 역사를 다루고 인간과 인공지능의 다른 점을 학습합니다. 인공지능의 개념을 기독교교육에 활용할 경우 신학적 개념인 하나님의 형상 개념을 다루고 설명할 필요가 있습니다. 하나님이 모든 만물의 창조주이시며 우주의 통치자이심을 우선적으로 가르쳐야 합니다. 즉 하나님이 인간, 자연, 우주만물에 있는 모든 것을 창조하신 창조주이시며 지금도 그것들을 주관하시고 운행하시는 통치자임을 교육과정에 포함해야 합니다. 특히 인간은 하나님의 형상대로 창조된 존재이므로 하나님의 성품과 속성을 닮았으며 하나님의 다스리심을 받아야 한다는 사실을 교육하여 인간의 형상으로 만들어진 인공지능이 인간의 통제 범위 안에 있어야 함을 함께 교육해야 합니다.

인공지능 이해 교육의 또 다른 하위영역은 컴퓨터 인식과 데이터입니다. 이 영역은 정보와 데이터를 수집하는 방식, 데이터의 종류와 분석, 빅데이터와 표현방식 등을 다룹니다. 즉 인공지능 활동의 기초가 바로 데이터인데 이 데이터가 어떤 형식으로 존재하며 어떤 방식으로 수집, 가공, 활용되는지에 대한 기본적인 개념을 학습합니다. 기독교교육적 관점에서 컴퓨터 인식과 데이터 부분을 다루기 위해서는 우선적으로 진리와 그 진리를 인식하는 인간의 방식에 대하여 가르쳐야 합니다.

기독교 진리의 원천은 기본적으로 성경에 근거합니다. 성경은 인간의 구원에 대한 명료하고도 분명한 데이터를 담고 있으며 그 구원을 위한 수많은 내용을 포함하고 있습니다. 이러한 성경의 진리를 인간이 어떻게 인식할 수 있는지에 대하여 교육해야 합니다. 특히 컴퓨터 학습에서 강조하는 데이터 학습의 방법과 성경의 진리를 이해하기 위한 '계시 의존적 사색'의 방법을 대조하여 설명할 필요가 있습니다. 계시 의존적 사색이란 성경 말씀의 계시로 모든 것을 해석하고 판단하는 것을 의미하는데 이는 종교개혁가 칼빈을 비롯하여 개혁주의 신학의 전통에서 가장 강조하는 진리 인식과 해석의 방법입니다.[74] 따라서 인공지능을 이해하는 데 있어서 컴퓨터를 활용하여 데이터를 인식하고 학습하는 것과 하나님의 형상인 인간이 진리를 인식하고 학습하는 것의 차이를 가르칠 필요가 있습니다.

인공지능 이해 교육에서 인공지능의 표현과 추론 부분은 인공지능이 데이터를 수집 처리하여 어떠한 방식으로 표현하는지를 학습하고 이를 통해 어떠한 방식으로 추론하여 문제를 해결하는지 그 원리와 방법을 학습합니다. 특히 인공지능의 데이터는 벡터, 그래프, 신경망 등의 방식으로 표현하며 추론은 확률적 방법, 베이지안 방법, 논리적 방법 등을 활용하여 그 결과를 보여줍니다. 이 영역은 인공지능이 데이터를 학습하고 그것을 표현하거나 결괏값을 제시하는 것으로 일종의 커뮤니케이션 방식과 관련되어 있습니다. 따라서 신학적 개념에서 이 부분을 다룰 때는 하나님과 인간의 관계 그리고 그 관계성 속에서 이루어지는 인격적 커뮤니케이션의 방식을 가르쳐야 합니다.

하나님은 모든 것을 하실 수 있는 분이지만 인간을 통해서 하나님의 역사를 진행해 가십니다. 이 과정에서 하나님이 자신의 모양과 형상대로 지은 인간과 끊임없이 소통하십니다. 특히 구약성경을 보면 제사장, 왕, 선지자 등을 통해서만이 아니라 꿈, 환상, 자연현상 등을 통해서도 인간과 의사소통하시는 모습을 볼 수 있습니다. 신약 시대에는 예수 그리스도를 통해서 인간과 소통하셨으며 오늘날에는 완성된 계시인 성경을 통하여 인간과 소통하고 계십니다. 이러한 하나님의 의사소통의 특징은 인격적이라는 점과 인간의 문제를 해결해 주시는 방식으로 진행된다는 것입니다. 인공지능도 데이터를 매개로 문제해결을 시도하고 제시하지만 기계적이고 확률적인 방식으로 이루어진다는 점이 차이점이라 할 수 있습니다. 따라서 학습자들에게 이러한 차이점을 잘 설명해줄 필요가 있습니다.

한편 인공지능의 학습 부분에서는 주로 인공지능이 어떻

게 학습하는지에 대한 원리를 다루고 있습니다. 특히 머신러닝(Machine learning), 딥러닝(Deep learning) 등 인공신경망을 활용하여 인공지능이 어떻게 학습하고 결과물을 산출해 내는지를 다루고 있습니다. 인공지능은 데이터를 분석하여 그 패턴을 학습하고 그것을 바탕으로 예측 및 결론을 추론하는 머신러닝 방식이나 인간의 뇌와 유사한 인공신경망을 활용하여 정형 및 비정형 데이터를 학습하는 딥러닝의 방식을 통해 학습합니다.[75] 인공지능은 과거에 비해 더 많은 데이터를 더 짧은 시간에 학습할 뿐 아니라 다양한 종류의 데이터를 학습하여 제시합니다.

    신학적 관점에서 볼 때, 인공지능의 인식 방법과 인간의 인식 방법을 비교하여 설명해 줄 필요가 있습니다. 인공지능은 인간이 입력한 데이터나 혹은 인간이 만든 데이터를 스스로 학습하여 분석하고 해석하지만 인간은 하나님께서 부여해 주신 고유한 창조성을 활용하여 판단하고 행동합니다. 하나님은 인간에게 자유의지를 허락하셨습니다. 더불어 그 자유의지를 활용하여 창조적인 결과물을 만들 수 있는 존재로 만드셨습니다. 비록 인간이 그 자유의지를 거룩하게 사용하지 못하여 하나님께 범죄하였고 인간이 하는 창조적인 행위들로 인해 악한 행동들이 만들어졌지만, 기본적으로 하나님은 인간을 하나님 의존적이며 자유롭고 창조적인 존재로 만드셨습니다. 따라서 이 부분을 교육할 때 인간과 인공지능의 학습방법을 비교 대조하여 가르칠 필요가 있습니다.

[그림] AI와 같이 공존하는 자리, AI 그림(출처: 한경신문)

  둘째, 인공지능 윤리 교육은 우리가 일상생활과 교육의 영역에서 편리하게 사용하는 인공지능이 어떠한 윤리적 문제를 야기할 수 있으며 그러한 문제를 미연에 방지하기 위하여 어떤 노력과 자세를 가져야 하는지를 다루는 교육입니다. 인공지능 윤리 교육의 하위영역으로 인공지능 설계 및 데이터 윤리, 인공지능의 사회적 영향 등이 있습니다. 먼저 인공지능 설계 및 데이터 부분에서는 주로 인공지능과 공존하는 인간의 삶, 데이터의 편향성과 극복 방법, 개인정보보호 관련 내용을 다룹니다. 현재와 미래 시대의 인간은 인공지능과 동떨어져 살기 어렵습니다. 오히려 인공지능은 우리 사회의 다양한 영역에서 지금보다 더 활발하게 활용될 것입니다. 그러므로 우리는 인공지능과 공존하기 위해서 어떤 노력을 해야 하는지 학습해야 합니다. 특히 인공지능은 기존에 나와 있는 데이터를 수집하여 인간에게 제공하기 때문에 그 데이터가 특정 알고리즘에 의해 편향되지는 않았는지 분별력을 가지고 확인해야 합니다. 나아가 인공지능이 수집하고 가공하는 데이터가 개인의 사적 영역을 침범하지는 않는지 살펴보아야 합니다. 이러한 점에서 기독교 신앙적 관점으로 볼 때, 인공지능에 대한 영적 분별력을 기르는 교육이 필요합니다. 영적 분별력이란 성경적 관점으로 어떤 것이 옳고 그른지를 판단하는 능력을 의미합니다. 과학기술이 발달하고 인공지능 기술이 보편화될수록 거짓 정보와 왜곡된 데이터가 신앙인을 현혹할 가능성이 매우 크므로 인공지능 시대에 맞는 영적 분별력을 기르는 교육을 철저하게 해야 합니다. 이는 일종의 디지털 AI 리터러시 교육에 해당하는데 기독교 신앙적 관점으로 무엇이 잘못된 정보인지 분별할 수 있는 신앙적 분별력을 길러주어야 합니다.

한편 인공지능의 사회적 영향에서는 인공지능의 올바른 사용, 인공지능으로 인한 사회적 변화, 인공지능과 지적 재산권, 데이터 보안 및 소유권 등과 관련한 내용을 다룹니다. 앞서 언급한 대로 인공지능은 이제 인간의 삶에서 중요한 부분을 차지하게 될 것입니다. 이러한 현실에서 인공지능을 어떻게 활용하는 것이 올바른지 교육해야 하고 인공지능으로 인해 변화될 미래사회의 모습과 그에 대한 인간의 적응과 대응 방법을 가르쳐야 합니다. 더불어 인공지능이 데이터 학습을 기반으로 작동하기 때문에 인공지능이 학습한 데이터의 지적 재산권 문제, 데이터의 보안과 그 소유권에 대한 문제 등도 다루어야 합니다. 특히 신앙교육적 관점에서 볼 때, 인공지능에 대한 접근성의 여부에 따라 학습 편차 및 정보 접근의 불평등이 초래될 수 있습니다. 따라서 이웃 사랑이라는 관점에서 인공지능을 범용적으로 활용할 수 있는 방법을 그리스도인이 고안해 내도록 교육해야 합니다. 이를 통해 인공지능 시대에 그리스도인이 인공지능 기술을 활용하여 이웃 사랑을 실천할 수 있게 해야 합니다.

셋째, 인공지능 활용 교육은 인공지능이 탑재된 스마트 기기나 로봇 등을 실제로 활용하는 방법을 배우거나 혹은 인공지능과 관련된 소프트웨어 프로그램을 익혀서 학습에 활용하는 교육입니다. 인공지능 활용 교육의 하위영역은 인공지능 소프트웨어의 활용, 빅데이터 분석과 활용, 인공지능 로봇의 활용 등이 있습니다. 먼저 인공지능 소프트웨어의 활용 부분에서는 우리 주변에서 실제로 활용되는 인공지능 탐구, 인공지능이 탑재된 기기 체험, 인공지능 활용 프로그램 학습 등의 내용을 다룹니다. 인공지능은 실제로 우리 사회 전반에서 다양한 방식으로 사용되고 있는데 우리 주변에서 활용 사례를 조사하고 학습하면서 인공지능의 실제 영향력을 이해할 수 있습니다. 특히 스마트 스피커, 스마트 태블릿, 스마트 워치 등 인공지능이 탑재된 다양한 스마트 기기들을 학습에 어떻게 활용할 수 있을지를 체험적으로 교육할 수 있습니다. 더불어 인공지능 기반 학습 플랫폼을 탐색해 보거나 인공지능을 활용한 다양한 학습 어플리케이션의 종류를 알아보고 그것을 실제 자신의 학습에 어떻게 활용할 수 있는지도 배울 수 있습니다. 인공지능이 탑재된 소프트웨어 활용은 인공지능을 교육의 영역에서 어떻게 활용하여 교육의 효과성을 높일 수 있느냐와 관련이 있기 때문에 신앙적 관점에서도 면밀한 조망이 필요합니다.

신학적으로 볼 때, 교육은 성화와 매우 밀접한 관계가 있습니다. 칭의는 성령의 전적 사역이며 단회적이지만, 성화는 인생을 살아가면서 장기적으로 이루어야 하는 과업입니다. 이 과정에서 기독교 신앙교육은 성화의 삶에 매우 중요한 영향을 끼칩니다. 이와 관련하여 인공지능을 탑재한 교육이 과연 인간의 신앙적 성숙에 어떤 유용한 영향을 줄 수 있는지를 탐색해야 합니다. 단순히 편리성과 일반 교육적 유용성을 가져다줄 수 있다고 하여 인공지능 탑재 기기나 프로그램을 사용하는 것이 아니라 학습자의 신앙적 유익과 영적 성장에 얼마나 기여할 수 있을지를 함께 고민하도록 교육해야 합니다.

인공지능 활용 교육에서 빅데이터의 분석과 활용은 빅데이터의 개념, 빅데이터 분석 방법, 빅데이터를 활용하여 현실의 문제를 해결하는 사례, 빅데이터 활용 실습 등을 다룹니다. 빅데이터는 우리가 사용하는 다양한 온라인 활동들을 기반으로 데이터를 수집하고 분석하여 일정한 패턴을 찾아내고 그것에 기초하여 개인 선호 상품 찾아주기, 개인 건강관리, 개인 맞춤형 학습법 알려주기 등의 활동을 가능하게 합니다. 학습자의 입장에서 볼 때, 학습자가 온라인에서 하는 다양한 활동이 일차적으로는 빅데이터를 축적하는 데 중요한 역할을 합니다. 그러나 이차적으로는 이 빅데이터를 활용하여 생산적인 결과를 얻을 수 있다는 점에서 학습자는 빅데이터의 프로슈머(Prosumer)에 해당한다고 볼 수 있습니다. 특히 교육의 영역에서 빅데이터는 개인 맞춤형 교육을 설계하는 데 도움을 줍니다. 나아가 빅데이터를 기반으로 하여 학습자들이 자신의 주변에서 일어나는 실제 문제를 해결하는 학습의 과정에 활용할 수 있습니다.

신학적 관점에서 볼 때, 빅데이터는 인간 사고와 행동의 보편적 성향이 무엇인지를 알려줍니다. 이와 더불어 개별 인간이 가진 자신만의 독특한 특징이 무엇인지도 살펴볼 수 있게 해줍니다. 하나님은 인간에게 보편적 특성도 주셨지만 각 개인에게 개별적인 특징도 부여하셨습니다. 바로 이 점과 연결하여 빅데이터의 속성을 신앙적으로 잘 설명해 줄 필요가 있습니다. 특히 기독교 신앙교육에서 빅데이터를 활용하면 하나님께서 개인에게 부여하신 달란트를 어떠한 방식으로 사용할 수 있을지에 대하여 도움을 받을 수 있습니다. 이를 통해 신앙교육도 개인 맞춤형으로 진행할 수 있게 됩니다.

인공지능 활용 교육에서 다루어야 할 또 한 가지 영역은 인공지능 로봇의 활용입니다. 이 영역에서는 우리의 삶에서 인공지능을 탑재한 로봇의 활용, 사물인터넷(IoT)을 활용한 로봇, 로봇을 활용한 실제 문제해결 등을 다룹니다. 오늘날 인공지능을 탑재한 로봇이 다양한 형태로 등장하고 있습니다. 교육용 로봇, 산업용 로봇, 의료용 로봇, 군사용 로봇, 서비스용 로봇 등 다양한 영역에서 로봇이 사용되고 있습니다. 현재 교육용으로도 활발하게 사용되고 있는데 외형적으로는 큐브 형태의 소형 로봇부터 인간의 외형을 닮은 휴머노이드 로봇까지 다양한 인공지능 기반 로봇이 만들어져 있습니다. 특히 스크래치나 엔트리와 같은 교육용 코딩 프로그램을 활용하여 인공지능이 탑재된 로봇을 자유자재로 작동할 수도 있습니다.

다만 신학적 관점에서 로봇의 문제를 다룰 때 중요하게 고려해야 할 사항이 있습니다. 바로 신학적 인간론과 문화명령에 대한 사항입니다. 인간은 하나님의 형상을 따라 지음 받았고 하나님은 인간에게 문화명령을 수행하도록 하셨습니다. 그러므로 하나님의 모양과 형상을 닮은 인간은 생육하고 번성하면서 하나님이 디자인하신 창조의 계획을 신실하게 수행하는 존재입니다. 기독교교육에서 로봇을 활용하는 원리도 이와 유사합니다.

로봇은 하나님이 창조하신 이 세계에서 하나님이 인간에게 부여하신 문화명령의 보조적 수단으로 사용되어야 합니다. 인간은 로봇이 인간의 보편적 윤리에 반하여 행동하거나 하나님의 창조 원리를 거스르는 기계적 메커니즘을 입력하지 말아야 합니다. 그리고 로봇이 인간을 대체할 수 있다는 신념을 갖거나 로봇이면 모든 것이 가능하다는 일종의 과학주의적인 신념을 가지고 로봇을 활용해서도 안 됩니다. 오히려 로봇을 우리에게 주어진 신앙 문제를 해결하는 도움의 수단으로 삼아야 하며 궁극적으로는 하나님이 말씀하신 문화명령을 신실하게 수행하는 보조재로 삼아야 합니다. 기독교 신앙교육에서 학습자들이 로봇 활용에 대하여 이러한 점을 명확히 인식하도록 교육해야 합니다.

넷째, 인공지능 융합 교육은 인공지능을 활용하여 실제 교육과정에 융합적으로 접목하여 사용하는 교육입니다. 이 융합 교육의 핵심은 인공지능에 대한 이론적 이해와 인공지능 탑재 기기 및 프로그램 사용법을 통하여 갖게 된 인공지능에 대한 이해 및 기술을 토대로 실제 교육과정 운영 시에 인공지능을 활용하여 수업을 진행하거나 과업을 완성하도록 하는 것입니다. 인공지능 융합 교육의 하위영역으로는 인공지능과 인문학, 사회과학, 자연과학, 예술체육 등이 있습니다. 이 하위영역은 오늘날 학습자들이 정규교육과정에서 경험하는 다양한 교육영역들에 해당합니다. 인공지능과 인문학에서는 인공지능을 활용하여 인문학에서 다루는 여러 주제를 탐구할 수 있습니다. 또한 빅데이터를 활용하여 인문학에서 다루고자 하는 주제에 대하여 심층적으로 분석할 수도 있습니다. 인공지능 언어모델을 활용하면 인공지능이 탑재된 기기와 질의응답을 하면서 문제를 해결해 갈 수도 있습니다.

다만 인간의 본질과 그 문제들을 탐구하는 인문학을 인공지능과 융합하여 교육할 경우 성경에서 말씀하는 인간관과 어떻게 융합할 수 있을지를 함께 다루어 주어야 합니다.

인공지능 융합 교육의 하위영역 중에 인공지능과 사회과학이 있습니다. 사회과학은 인간이 하는 사회적 행동 및 사회적 현상에 대한 연구를 다룹니다. 인공지능과 사회과학을 융합한 교육에서는 사회, 정치, 경제, 인간심리 등 다양한 영역을 다룰 수 있습니다. 특히 빅데이터를 활용하여 사람들의 인식을 분석하여 미래를 예측할 수도 있고 이를 토대로 각종 정책을 수립하는 데 활용할 수도 있습니다. 정치와 관련하여 사람들의 여론을 분석하여 정책을 수립할 수도 있고 의사결정을 내리는 데 도움을 받을 수도 있습니다. 사회과학 중에 경제 분야도 인공지능과 융합할 수 있는데 금융시장, 재무 관련 업무, 글로벌 경제 흐름 등을 예측하여 투자 및 개발업무에 활용할 수도 있습니다. 특히 학습자들이 직업 선택이나 재정관리를 하는 방식도 인공지능을 활용하면 도움을 얻을 수 있습니다.

신학적 관점에서 볼 때 사회과학은 공동체를 구성하는 사람들의 인식과 행동을 알 수 있다는 점에서 신앙공동체적 관점으로 사회과학을 다룰 필요가 있습니다. 즉 인공지능을 개인의 경제적 이익이나 정치적 입지를 쌓는 데 활용하는 것을 넘어 신앙공동체가 이 사회 속에서 어떠한 신앙적 역할을 해야 할 것인가를 고민하는 데 인공지능이 사용되도록 교육할 필요가 있습니다.

인공지능 융합 교육에서 다룰 수 있는 영역으로 인공지능과 자연과학 분야가 있습니다. 자연과학은 인간이 살아가는 자연 속에서 일어나는 현상을 탐구하는 학문입니다. 주로 과학적 방법을 활용하여 자연현상을 분석하고 예측하여 각종 정책에 활용합니다. 특히 물리, 화학, 생물, 지구, 천문, 환경 등 자연 및 자연법칙과 관련된 영역을 분석하고 대안을 제시하는 데 인공지능이 활용될 수 있습니다. 자연과학의 영역은 인공지능을 활용하면 이전보다 더 정밀하고 체계적인 연구가 가능합니다. 학습에서도 빅데이터를 활용하여 지진, 홍수, 이상기온 등 다양한 자연현상에 대한 예측 모델을 제시할 수 있습니다. 또한 인공지능을 기반으로 우주를 연구하고 탐험하는 데 활용할 수 있고, 물, 토양, 대기 등에 대한 정밀한 정보를 얻어 환경을 보호하는 데 사용할 수도 있습니다.

신학적 관점에서 인공지능을 활용하여 자연과학을 다룰 때는 창조세계에 대한 성경의 관점을 함께 가르쳐야 합니다. 인공지능의 도움을 받을 때, 단순히 자연 개발에 초점을 두기보다 성경의 원리에 따라 보호하고 보존하는 측면도 함께 고려하도록 가르쳐야 합니다.

인공지능 융합 교육에서 다룰 수 있는 분야로 인공지능과 예술체육 부문도 있습니다. 현재 인공지능은 미술, 음악, 문학, 영화 등 다양한 부분에서 사용되고 있습니다. 인간이 입력한 키워드에 따라 그림을 그려준다거나 작곡을 해주기도 하며 수필이나 소설과 같은 문학작품도 인공지능의 도움을 받아 작성할 수 있습니다. 또한 신체활동과 관련된 영역에서도 인공지능이 활용되고 있는데 가령 빅데이터를 활용한 신체활동 패턴 분석, 개인에게 적합한 신체활동 제안, 데이터 기반 질병 예방 프로그램 등을 실천할 수 있습니다. 교육의 영역에서도 활용이 가능한데 인공지능 기반 음악 프로그램을 활용하여 음악 시간에 특정한 주제의 노래를 작곡하거나 미술 시간에 인공지능 기반 디자인 프로그램이나 영상 제작 프로그램을 활용하여 자신만의 미술작품을 제작하는 데 이용할 수 있습니다.

    신학적 관점에서 볼 때, 인공지능을 활용한 예체능 활동은 기독교 문화관과 함께 가르쳐야 합니다. 즉 그리스도인이 하

[그림] Shutterstock AI 그림 "50*30피트 규모 예배당"

는 창작 활동의 목적과 의미가 무엇인지 알려주어야 합니다. 또한 다양한 예술 활동을 통해 하나님을 영화롭게 하는 방법도 가르칠 필요가 있습니다. 인공지능 융합 교육을 교회에서 활용할 경우 인간의 삶에서 일어나는 다양한 문제들을 성경의 내용과 통합하여 가르치는 방식으로 활용할 수 있습니다. 특히 인문학, 사회과학, 자연과학, 예술체육 등의 영역에서 다루는 핵심 주제들을 성경적 관점으로 통합하여 프로젝트를 완성하는 방식으로 교육할 수 있습니다.

한편 이러한 인공지능을 활용한 기독교교육을 실천하기 위해서는 교사의 역량이 중요합니다. 교사는 인공지능을 교육에 활용하기 위하여 '인공지능 활용 교육 준비, 인공지능 활용 교육 설계, 인공지능 활용 교육 실행, 인공지능 활용 교육 평가, 인공지능 활용 교육 전문성 개발 역량'이 필요합니다.[76] 즉 인공지능에 대한 이해와 교육환경 준비, 교육과정 구성과 설계, 학습 실행, 데이터 기반 평가, 연구 등의 준비가 되어 있어야 합니다. 이는 교회학교 교사도 동일합니다. 인공지능 및 에듀테크를 신앙교육에 활용하기 위해서 교회학교 교사는 인공지능의 개념, 인공지능에 대한 신학적 관점, 주일과 주중 신앙교육에 인공지능 및 에듀테크 활용 방법, 인공지능을 활용한 신앙교육 교안 작성, 인공지능 신앙교육의 효과성 평가 등을 할 수 있는 신앙교육 역량이 준비되어야 합니다.

3. 인공지능 에듀테크 활용의 유익 및 활용 영역

인공지능 기술을 포함한 첨단기술을 교육에 활용하는 에듀테크는 여러 가지 측면에서 유익한 점이 있습니다. 에듀테크는 전반적으로 볼 때 '개인 맞춤형 학습, 교육 공간의 제약 극복, 교육 업무의 자동화' 등의 유익이 있습니다.[77] 같은 맥락에서 에듀테크는 '개별화 교육, 교수학습 경험의 확장, 업무 자동화 및 효율화, 행위 유발성 교육환경 조성, 증거 기반 정책 도출'을 가능하게 합니다.[78] 한편 에듀테크는 학습자의 입장에서 볼 때 '새로운 학습 경험 제공, 개인 맞춤형 학습 제공, 자기주도 학습 및 학습동기 유발' 등의 교육적 효과를 제공합니다.[79] 즉 종합하면 교육의 영역에 첨단기술을 활용하는 에듀테크는 학습자에게는 개별화된 교육을 가능하게 하고 교육의 동기와 몰입도를 향상시켜 주며 교수자에게는 교육 업무의 효율성을 창출해주고 교육환경적 관점에서는 교육에 대한 시공간적 한계를 극복하게 하는 매우 유익한 장점들을 제공합니다.

한편 에듀테크 기술 중에 인공지능과 관련된 교육은 인지적 영역과 정의적 영역의 발달에 영향을 주는데 인지적 영역에서는 적응적 전문성, 인공지능 역량, 데이터 리터러시, 창의성, 미디어 리터러시, 문제해결능력, 컴퓨팅 사고력 등에 효과적이며 정의적 영역에서는 협력, 학습동기, 자기효능감, 교과 흥미, 인공지능 태도 형성에 효과적입니다.[80] 즉 인공지능 교육은 인공지능 이해, 창의성과 문제해결력, 교육 참여 동기와 효능감 등 학습 과정 전반에서 중요한 영향을 줍니다. 결국 에듀테크의 한 영역인 인공지능 활용 교육은 학습자, 교수자, 교육환경 개선 등에 긍정적 영향을 끼칩니다.

그렇다면 인공지능 기술이 기독교교육에는 어떠한 영향을 줄까요? 기독교교육을 현장에서 수행하고 있는 교육지도자들은 인공지능이 여전히 교회 교육에 미칠 영향력이 그리 높지 않다고 인식하고 있습니다.[81] 그러나 신앙교육 현장을 관찰해 보면 이미 인공지능 및 과학기술을 활용한 교육 프로그램 및 교육매체의 사용이 점점 늘어나는 추세에 있습니다. 따라서 기독교 세계관의 관점에서 신앙교육을 위한 인공지능 활용을 지금보다 더 적극적으로 고려해야 할 필요가 있습니다. 특히 에듀테크는 적절히 활용할 수만 있다면 기독교교육을 더욱 활성화시킬 수 있습니다. 기독교교육에서 에듀테크는 '연결과 공유, 개별 맞춤형, 체험과 실감'을 가능하게 하는 교육을 제공합니다.[82]

또한 인공지능 시대의 기독교교육은 하나님 나라를 위하여 일할 '창의-융합적 그리스도인 양성'을 목표로 하는데 이를 위해 '유비쿼터스 교육환경, 빅데이터를 활용한 개인 맞춤형 교육, 확장 현실에서 몰입적 교육환경 제공, 인공지능을 통한 초연결적 교육환경'을 구성해 교육목표를 달성할 수 있습니다.[83] 즉 인공지능 기술은 학습자를 위한 학습지원, 교수자를 위한 교육지원, 교육체계 개선을 위한 인프라 지원을 가능하게 합니다. 요약하면 기독교 신앙교육에서 인공지능 기술은 학습자에게는 신앙 수준별 개인 맞춤형 교육, 신앙 체험학습 제공, 신앙교육 참여동기와 몰입도 개선, 성경적 문제해결력을 길러줍니다. 또한 교수자에게는 신앙교육 업무 자동화, 데이터 기반 학생 신앙관리, 신앙교육 콘텐츠 개발 및 활용을 가능하게 합니다. 그리고 교육 체계적으로는 교회와 가정의 연계를 통한 신앙교육 공간의 확장, 주일과 주중의 연계를 통한 신앙교육 시간의 확장, 앎과 삶의 연결을 통한 통전적 신앙의 형성, 교회 상황 및 지역에 따른 신앙교육 소외와 격차 극복을 가능하게 합니다.

<표> 인공지능 활용 교육의 유익

대상	인공지능 활용 교육의 유익
학습자	신앙 수준별 개인 맞춤형 교육, 신앙 체험학습 제공, 신앙교육 참여동기와 몰입도 개선, 성경적 문제해결력 향상
교수자	신앙교육 업무 자동화, 데이터 기반 학생 신앙관리, 신앙교육 콘텐츠 개발 및 활용
교육체계	교회와 가정의 연계를 통한 신앙교육 공간의 확장, 주일과 주중의 연계를 통한 신앙교육 시간의 확장, 앎과 삶의 연결을 통한 통전적 신앙의 형성, 교회 상황 및 지역에 따른 신앙교육 소외와 격차 극복

한편 신앙교육에 인공지능을 활용할 수 있는 영역은 매우 다양합니다. 특히 인공지능을 포함한 스마트 기기를 활용하

는 에듀테크 기술은 신앙교육을 활성화하고 학습자들이 신앙적 경험을 하는 데 상당한 도움을 줄 수 있습니다. 그렇다면 이러한 기술을 어떠한 신앙교육 영역에 활용할 수 있을까요?

첫째, 신앙교육과정 설계에 활용할 수 있습니다. 일반적으로 많이 활용되는 교수설계모형인 ADDIE 모형에 따르면 교수학습 설계는 분석-설계-개발-실행-평가의 단계를 거치게 됩니다.[84] 이를 통해 교육 프로그램 및 교육 시스템을 체계적으로 개발합니다. 이 과정에서 인공지능 기술은 신앙교육 시스템을 분석, 설계, 개발, 실행, 평가하는 데 효과적으로 기여할 수 있습니다.

먼저 신앙교육 시스템을 분석하여 개별 교회에 최적화된 교육체계를 제안하는 데 활용할 수 있습니다. 가령 개별 교회학교의 축적된 데이터를 활용하면 성경공부를 진행하는 데 성경 기초지식과 신앙 실천 및 경험을 어떠한 비율로 가르쳐야 하는지를 결정할 수 있습니다. 또한 개별 교회학교와 관련된 빅데이터를 활용하면 교회학교 분반 편성 시 연령에 따른 학년제 반 편성이나 신앙 수준에 따른 무학년제 편성 등을 결정하는 데 도움을 줄 수 있습니다. 한편 신앙교육과정 설계 시 스마트 신앙교육과정 및 교육방법을 구현하는 데에도 활용할 수 있습니다. 개별 교회에 맞는 신앙교육 콘텐츠를 추천할 수 있고 온라인 및 오프라인을 활용한 통합교육 방법을 제안하며 디지털 성경공부 교재를 활용하여 다양한 교육적 경험을 할 수 있는 기반을 마련해 줄 수 있습니다. 인공지능 및 에듀테크 기술은 맞춤형 신앙교육 관리체계를 구축하는 데 활용할 수도 있습니다. 빅데이터와 알고리즘을 활용하여 개별 학습자의 학습 형태를 분석하고 이를 통해 개인에 맞는 신앙교육 학습 경로를 설계할 수 있으며 개별 학습자들의 신앙교육을 평가하여 개인에게 맞는 피드백도 해줄 수 있습니다. 다만 신앙교육과정 설계에 인공지능이나 에듀테크 기술을 활용하기 위해서는 신앙교육 전반을 분석, 설계, 개발, 실행, 평가할 수 있는 신앙교육 플랫폼이 함께 개발되어야 합니다.

둘째, 주일 성경 교수 학습에 활용할 수 있습니다. 현재 인공지능 기술이나 에듀테크 기술을 고려해 보면, 주일 신앙활동을 지원하는 부분에서 가장 큰 실제적인 도움을 받을 수 있습니다. 현재의 인공지능 기술 및 지원 수준에서 신앙교육에 직접적으로 사용할 수 있는 것이 바로 생성형 AI입니다. 이는 대규모 언어모델을 기반으로 만들어진 것으로, 학습자나 교수자가 특정한 지식과 정보를 얻기 위하여 질문하면 그에 맞는 답을 찾아주는 방식입니다. 신앙교육에서도 기본적인 성경 지식이나 신학적 정보를 얻을 수 있어서 주일 성경공부 활동에 사용할 수 있습니다. 또한 코딩 프로그램을 활용하여 성경공부 시간에 배운 내용을 반복 학습하거나 혹은 적용 활동을 하는 데 에듀테크 기술을 활용할 수 있습니다. 더불어 인공지능을 기반으로 하여 그림을 그리거나 노래를 만들 수 있는 프로그램을 활용하면 주일 성경공부 시간을 더욱 흥미롭게 구성할 수 있습니다.

셋째, 주중 신앙교육 활동에 활용할 수 있습니다. 신앙교육은 주일에 교회학교에서뿐 아니라 주중에도 이루어져야 합니다. 다만 지금까지 한국교회의 경우 주로 주일에, 교회에서 신앙교육을 해왔습니다. 그러나 유비쿼터스 교육환경을 제공해 주는 온라인을 활용하거나 인공지능 기반 에듀테크 기술을 활용하면 교회 이외의 장소에서 주중에도 다양한 신앙교육 활동을 할 수 있습니다. 먼저 주중 신앙 프로젝트 기반 학습에 활용할 수 있습니다. 프로젝트 기반 학습이란 학습자가 '자기 주도성과 창의성'을 가지고 실제 문제를 프로젝트 형태로 구성하여 문제를 해결해 가는 교육방법입니다.[85] 신앙교육에서 프로젝트 기반 학습은 시간과 공간의 한계로 인해 주일에 하기 어려운 측면이 있습니다. 따라서 주중에 프로젝트 기반 학습을 활용할 수 있는데 이 과정에서 다양한 에듀테크 기술을 활용할 수 있습니다. 가령 스크래치나 엔트리와 같은 코딩 프로그램으로 프로젝트를 완성해 볼 수 있고 신앙생활과 관련된 주제를 빅데이터를 활용하여 분석하는 프로젝트를 시행해 볼 수도 있습니다.[86] 한편 주일에 이루어지는 신앙교육 활동은 대체로 전체를 대상으로 하는 집단 맞춤형 교육인 반면에 주중에 이루어지는 신앙교육 활동은 개인 맞춤형 교육 형태로 이루어집니다. 이렇게 개인 맞춤형 교육이 진행될 때 인공지능이나 에듀테크 기술을 활용하면, 개인의 학습 강점을 활용하거나 개인의 신앙 수준에 맞게 과업을 완성할 수 있다는 장점이 있습니다.

넷째, 성경적 진로 지원 활동에 활용할 수 있습니다. 모든 개인은 하나님이 주신 독특한 개성을 가지고 있습니다. 인공지능은 이러한 개별적 특성에 따라 개인 맞춤형 교육과정과 교육방법을 설계해 줄 수 있고 향후 진로 결정에서도 개인에게 맞는 진로를 설정하도록 도와줄 수 있습니다. 빅데이터를 기반으로 하는 인공지능은 신앙적 관점에서 성경적 진로를 찾는 데 도움을 줄 수 있습니다. 즉 빅데이터를 활용하면 개별 학습자의 관심사, 적성, 성격 등을 파악하여 성경적 관점에서 자기 자신을 이해하도록 도울 수 있습니다. 또한 하나님께서 개인에게 부여하신 소명을 발견할 수 있는 다양한 직업군을 추천해 줄 수도 있습니다. 인공지능을 활용하면 성경적 진로 탐색, 성경적 진로 정보 제공, 성경적 진로상담, 성경적 진로 교육을 가능하게 합니다.

다섯째, 신앙교육에서 다양한 연계 교육을 할 수 있습니다. 인공지능을 활용한 기기 중에 사물인터넷을 활용하여 초연결을 가능하게 하는 다양한 스마트 기기들이 있습니다. 이러한 기기들을 활용하면 연계 신앙교육을 할 수 있습니다. 한국 교회교육의 가장 큰 문제점 중 하나가 학교식 교육으로 인한 분리의 문제인데 이로 인해 주일과 주중의 분리, 교회와 가정의 분리, 앎과 삶의 분리 등 여러 영역에서 단절과 분리의 문제를 초래하였습니다.[87] 이러한 현실에서 인공지능을 포함한 에듀테크 기술을 활용하면 이러한 분리 문제를 해결할 수 있습니다. 가령 교회와 가정을 연계하는 방법으로 VR/AR 기술 등을 활용할 수 있습니다. 가상현실을 구현한 메타버스나 증강현실을 반영한 기독교교육 콘텐츠를 활용하여 시간과 장소에 상관없이 어디에서나 신앙교육이 가능하도록 할 수 있습니다. 또한 사물인터넷을 활용하면 교회와 마을을 연계하는 교육도 가능합니다. 마을을 인터넷으로 연결하여 각종 신앙정보를 공유하는 스마트 빌리지(Smart Village)를 구상해 볼 수도 있고 지역사회의 연약한 지체들을 위해 디지털 케어 시스템을 구축하여 도움을 줄 수도 있습니다.[88] 한편 교회와 학교를 연계하는 신앙교육 방법도 있는데 각종 웨어러블 기기로 신앙생활에 필요한 정보를 전송하여 학습자들이 큐티, 성경 묵상, 나눔, 공유, 피드백 등을 통해 교회가 아닌 장소에서도 언제든지 신앙활동을 할 수 있습니다.

〈표〉 인공지능을 활용한 신앙교육

활용영역	활용방법
신앙교육체계 설계	신앙교육 시스템 분석 및 최적화 설계/ 스마트 신앙교육과정 및 방법 설계/ 맞춤형 신앙교육 관리체계 구축
주일 성경 교수학습	인공지능 기반 에듀테크 기술을 성경공부 방법으로 활용
주중 신앙교육 활동	신앙 프로젝트 기반 학습 지원
성경적 진로 지원 활동	신앙적 소명 발견, 성경적 진로 찾기
신앙 연계활동	교회-가정 연계, 교회-마을 연계, 교회-학교 연계 신앙교육

4. 인공지능 활용 기독교교육의 유의점

인공지능이 일반교육과 기독교교육의 영역에서 매우 유용하게 사용되는 도구이지만 인공지능을 활용할 경우 반드시 성경적 가이드라인과 윤리적 지침을 따라야 합니다. 과학기술정보통신부는 〈사람이 중심이 되는 인공지능 윤리기준〉에서 인공지능 윤리기준 3대 기본원칙과 10대 핵심 요건을 제시하였는데 3대 기본원칙은 "인간 존엄성, 사회의 공공선, 기술의 합목적성"이며 10대 핵심 요건은 "인권보장, 프라이버시 보호, 다양성 존중, 침해 금지, 공공성, 연대성, 데이터 관리, 책임성, 안전성, 투명성"입니다.[89] 한편 기독교적 관점에서도 인공지능과 관련한 가이드라인을 준수해야 합니다. 인공지능 사용에 대한 성경적 윤리 가이드라인을 제시한 연구에 따르면, 하나님과 인간의 관계(정보판단의 기준이신 하나님), 이웃과의 관계(이웃 사랑과 관계적 삶), 생명(생명 존중과 회복), 영성(하나님의 형상), 탈소유와 절제(성령의 열매), 공동선(공동체적 행복)이라는 여섯 가지 기준에 부합해야 한다고 주장합니다.[90] 한편 기독교 대학에서 생성형 인공지능 활용 가이드라인을 핵심 키워드로 제시한 연구에 따르면, 인공지능의 윤리적 사용을 위한 정직과 책임성, 인공지능을 인간의 지적 성장 도구로 이용하는 지성, 인공지능이 제공하는 정보 편향성을 지양하는 다양성, 인공지능을 창의성 발휘의 도구로 활용하는 창의성, 인공지능을 공공의 이익을 위해 사용하는 공공성 등 다섯 가지를 인공지능 기반 생성형 AI 활용의 가이드라인으로 제시하였습니다.[91] 이러한 점을 종합해 볼 때, 인공지능을 신앙교육에 활용하는 데 있어서 네 가지 면을 고려해야 할 필요가 있습니다. 이는 앞서 언급한 인공지능 윤리기준이나 인공지능 사용 가이드라인보다 더 본질적인 측면을 다루고 있는데 특히 신앙교육을 할 때 반드시 이해하고 숙지해야 하는 신학적 전제들이라고 할 수 있습니다. 인공지능 활용 교육 시 가져야 할 네 가지 전제는 다음과 같습니다.

[그림] 인공지능 활용 교육을 위한 신학적 전제

첫째, 학습자들에게 성경 중심성을 기반으로 기초 신앙교육을 명확하고도 철저하게 해야 합니다. 기초 신앙교육이란 성경, 교리, 기독교 세계관 교육을 통해서 이루어지는 기독교의 핵심 진리에 대한 교육입니다. 기초 신앙교육이 필요한 이유는 무수히 많은 정보와 무분별하게 입력되는 정보들을 성경과 교리에 입각하여 비평적으로 해석하고 수용해야 하기 때문입니다. 특히 인공지능이 제공하는 지식은 정통 기독교 신앙 진리에 비추어 볼 때 검증되지 않은 것들이 있을 수 있기 때문에 성경에 기초하여 비판적으로 바라보아야 합니다. 가령 생성형 인공지능의 경우 학습자들이 신앙적으로 궁금한 내용을 질문했을 때, 신학적으로 검증되지 않은 정보를 제공한다거나 혹은 자신이 속해 있는 교단의 신학적 정체성과 다른 대답을 하는 경우도 많습니다. 또한 사회적으로 민감한 이슈에 대하여 질문하면 정통 기독교 신학의 입장을 반영하기보다는 인권 및 소수자 보호 차원에서 답을 하는 경우가 많습니다. 따라서 인공지능이 잘못된 대답을 제시할 때 이를 성경적으로 비판할 수 있도록 기초 신앙지식을 철저하게 가르쳐야 합니다.

둘째, 학습자들에게 하나님과의 관계성을 기반으로 하는 신앙 주체성에 대하여 교육해야 합니다. 신앙은 하나님과 그분의 형상인 인간 사이의 직접적 관계로 형성됩니다. 우리는 예수 그리스도의 십자가 사건을 통해서 하나님께 나아갈 담력을 얻었고 예수 그리스도 이외에 그 누구도 우리 신앙을 중보하거나 대신할 수 없습니다(히 10:19-20). 그러나 자칫 인공지능이 예수 그리스도의 자리에 앉게 되면 하나님과 인간 사이에서 여러 가지 자료와 정보를 제공하는 인공지능을 통해 신앙이 형성되고 성숙하게 될 수 있다는 오류에 빠질 수 있습니다. 신앙은 결코 인공지능이 대신 줄 수 없습니다. 인공지능이 아무리 우리의 신앙과 관련된 고급 정보를 제공해 준다고 할지라도 결국 신앙의 핵심은 인간이 하나님과 맺는 관계성에 있습니다. 이 점에서 인공지능은 우리가 하나님께 나아가는

데 있어서 신앙 성장의 보조자 역할은 할 수 있어도 주체자가 될 수 없으며 중보자도 될 수 없습니다. 그러므로 인공지능을 활용하는 '나' 자신이 하나님의 형상임을 명확히 하고 신앙의 주체성을 확고히 세워야 합니다.

셋째, 인공지능을 활용하는 신앙교육에서 데이터의 편향성을 극복하는 신앙적 분별력을 교육해야 합니다. 인공지능은 인간이 만들어 놓은 수많은 관련 데이터를 학습하여 인간에게 제공하는데 문제는 그 데이터를 만드는 인간이 죄로 오염되어 있어서 성경적으로 잘못된 해석으로 만들어진 정보를 제공할 가능성이 크다는 것입니다. 더욱이 이러한 오염된 데이터들이 대량으로 생산, 축적, 유통되면, 인공지능은 알고리즘에 의해 왜곡된 정보를 진리로 포장하여 학습자들에게 제공하게 될 것입니다. 따라서 인공지능이 제공하는 '답'이 어떤 데이터를 활용하였는지, 그 데이터들이 성경적으로 옳은 것인지를 명확히 분별할 수 있도록 학습자들에게 지혜와 분별력을 가르쳐야 합니다.

넷째, 인공지능을 활용한 기독교 신앙교육은 학습자들에게 과학을 우상시하는 과학주의의 위험성을 경고하고 인공지능과의 경계와 관계를 규정해 주어야 합니다.[92] 즉 인공지능이 넘을 수 없는 경계와 한계가 어디까지이며 그것을 넘어섰을 때 신앙교육 주체들 간의 관계성이 파괴될 수 있음을 가르쳐야 합니다. 인공지능 활용 신앙교육에서 인공지능이 하나님의 자리에 앉지 않도록 유의해야 합니다. 즉 인공지능이 제공하는 정보가 절대적이라고 여겨 무비판적이거나 맹목적으로 그 정보를 수용하고 활용해서는 안 됩니다. 인공지능은 하나님의 자리를 대신할 수 없으며 절대적인 지식을 제공하는 것도 결코 아닙니다. 만일 학습자가 인공지능이 제공하는 정보를 과도하게 신뢰하는 신격화나 우상화를 하게 되면 인공지능을 하나님과 동등하게 여기는 것이 됩니다. 이는 하나님과 인간, 인간과 인공지능이 가지고 있는 명확한 경계를 무너뜨리는 불신앙적 태도입니다. 하나님은 창조주이시며 인간은 피조물입니다. 인간은 하나님의 형상이지만 인공지능은 인간의 형상에 불과합니다. 즉 세 주체 사이에는 경계가 명확히 구분되어 있습니다. 만일 그 경계가 무너지면 상호적 관계도 함께 무너집니다. 마치 에덴동산에서 피조물의 지위를 떠나 하나님처럼 되기를 원하여 하나님과의 경계를 깨뜨린 인간의 시도가 결국 하나님과의 영적 관계를 깨뜨린 것처럼, 인공지능이 인간의 자리 또는 궁극적으로 하나님의 자리를 대체하려는 시도를 철저하게 경계해야 합니다.

5. 인공지능 에듀테크 활용 기독교교육 방법

지금까지 인공지능의 개념, 인공지능 교육의 유익과 활용영역, 신앙교육에 인공지능을 활용할 때의 유의점 등을 살펴보

앉습니다. 그렇다면 실용적인 관점에서 인공지능을 포함한 에듀테크 기술을 기독교교육에 어떻게 활용할 수 있을까요? 파즈미뇨는 교육과정이나 교육방법을 설계하기 위해서는 두 가지 개념을 고려해야 하는데 하나는 초문화적인 요소이며 다른 하나는 문화적인 요소라고 강조하였습니다.[93] 초문화적인 요소는 성경, 신학, 철학 등 교육의 원리를 제공해 주는 요소이며 문화적인 요소는 학습자가 처해 있는 그 시대의 역사, 문화, 사회, 개인의 발달심리 등을 제공해 주는 요소입니다. 따라서 기독교교육에서 에듀테크 기술을 활용하는 것은 변하지 않는 성경과 그 의미를 효과적으로 가르치기 위해 변화하는 요소들을 적절하게 고려하는 것과 같습니다. 특히 4차 산업혁명 시대를 살아가는 다음 세대들을 위해 오늘날 등장하

> 성경의 진리를 효과적으로 전달하기 위한 수단으로서 다양한 인공지능을 활용할 수 있습니다

고 있는 인공지능, 빅데이터, 사물인터넷, 스마트 기기, 어플리케이션, 미디어 편집 프로그램 등의 기술을 활용하는 것은 매우 중요합니다. 신앙교육에 활용할 수 있는 인공지능 기반 에듀테크 활용 방안이 무엇인지 살펴보도록 하겠습니다.

<표> 에듀테크를 활용한 신앙교육 방법

유형	프로그램	기본구조	신앙교육 활용방안
대화형	챗GPT, Gemini, CLOVA X	정보 검색	성경자료 검색, 신앙생활 챗봇
	초원AI	정보 검색	성경자료 검색, 신앙생활 궁금증 Q&A
참여형	메타버스	소셜 네트워크	선교활동, 신앙성장 활동
	패들렛	아이디어 공유	신앙적 문제 해결방안 공유
	구글어스	지역 검색	지역 검색, 선교 및 봉사 프로젝트
	VR, AR 활용	가상현실, 증강현실	성경 인물 및 지역 탐방
코딩 활동형	스크래치, 엔트리	코딩 프로그램	성경 이해 및 적용활동
	옥토 스튜디오 (Octo studio)	유아, 초등 코딩 프로그램	성경 적용활동
	인공지능 로봇	큐브/휴머노이드 로봇	성경공부 적용활동
	마이크로비트	피지컬 컴퓨팅	성경공부 적용활동
시각화	오토 드로우(Auto Draw)	AI 그림 그리기	성경 그림 그리기, 개인 실천사항 그리기
	투닝(Tooning)	AI 웹툰	네 컷 성경 만화 그리기, 나의 인생극장 적용 활동
청각화	클로바노트	음성을 텍스트로 변환	설교내용 정리 및 요약
	브루(Vrew)	동영상 편집, 목소리 편집	성경 만화 그림에 목소리 넣어 영상 만들기
	Blob Opera	노래 만들기	찬양 작곡

대화형 에듀테크 활용

대화형 에듀테크는 학습자가 학습을 진행할 때 궁금한 점을 질문하고 인공지능이 탑재된 프로그램 및 기기가 그 질문에 대답하는 형식의 기술을 의미합니다. 현재 가장 보편적으로 활용하고 있는 대화형 에듀테크 기술은 GPT입니다. 이것은 기계학습과 자연어 처리 기술이 들어간 인공지능 언어모델로서 대규모의 텍스트를 학습한 이후 피드백, 강화학습, 데이터 선별 등의 과정을 거쳐 그것을 상황과 문맥에 따라 대화의 형식으로 제공해 주는 프로그램입니다.[94] 본래 GPT는 Generative Pre-trained Transformer의 약자로서 '생성형 사전 훈련된 변환기'로 번역할 수 있는데 사전에 미리 입력된 정보를 바탕으로 질문에 대하여 적절하게 응답하는 프로그램이라고 할 수 있습니다. GPT는 기업에서 제품에 대한 서비스 안내를 위해 자동응답을 하거나 또는 실시간 질의응답 형식으로 대화하는 방식으로 운영됩니다. 즉 주로 정보를 검색하고 답을 얻는 방식입니다. GPT는 교육에도 활발하게 활용되고 있는데 학습자가 궁금해하는 기본적인 지식을 제공해 주고 더 심화된 문제해결을 위한 기초정보를 공급해 주어 심화학습이나 프로젝트 학습을 쉽게 할 수 있도록 도와줍니다. 현재 대화형 인공지능의 대표적인 프로그램은 오픈AI에서 개발한 챗GPT, 구글에서 개발한 Gemini, 네이버에서 개발한 CLOVA X 등이 있습니다.

한편 기독교 신앙에 대한 궁금증에 답을 하는 GPT도 있는

데 초원AI 앱이 그것입니다. 이 앱은 GPT의 하나로 기독교 신앙과 관련한 다양한 질문을 응답 형식으로 제공하는 프로그램입니다. 일반 생성형 GPT에게 기독교 및 신앙 관련 질문을 할 경우 일반적 수준에서 대답하는 것과 달리 이 프로그램은 기독교 신앙생활에 대하여 비교적 자세하게 대답해 줍니다. 다만 이 앱은 제작자의 고유한 신학적 전제를 포함하고 있을 수 있으므로 이것을 사용하는 학습자의 신학적 전제와 소속 교단의 입장을 고려하여 적절하게 활용할 필요가 있습니다.

신앙교육에서 GPT를 사용하는 방법은 크게 두 가지로 나누어 살펴볼 수 있습니다. 첫째는 성경자료 검색에 활용할 수 있습니다. 학습자들이 성경을 읽거나 혹은 성경공부를 하다 보면 이해하기 어려운 부분이 등장합니다. 특히 주일 성경공부의 경우에는 사역자나 교사에게 바로 물어볼 수 있지만 주중에는 궁금증이 즉각적으로 해결되기 어렵습니다. 이때 생성형 AI에게 궁금한 점을 질문하면 그에 대한 답을 얻고 성경을 더 잘 이해할 수 있습니다. 둘째는 성경공부 적용 방법 검색에 활용할 수 있습니다. 주일에 학습자들이 예배와 성경공부를 통해 성경에 대한 기본적인 지식을 습득했다면, 주일에 배운 내용을 한 주간 살아가면서 자신의 삶에 적용하는 구체적인 실천 원리를 알아야 합니다. 바로 이러한 질문에 대하여 생성형 AI가 개인에게 맞는 실천방법을 알려줄 수 있습니다. 이 점에서 생성형 AI는 신앙 실천의 원리와 방법을 찾아주는 보조적 챗봇의 역할을 할 수 있습니다.

참여형 에듀테크 활용

 참여형 에듀테크는 학습자가 직접 프로그램에 참여하여 교육적인 경험을 하거나 혹은 교수자와 학습자, 학습자와 학습자 간에 상호적 참여를 기반으로 학습을 하도록 돕는 에듀테크 프로그램을 의미합니다. 앞서 설명한 대화형 에듀테크가 개인적인 사용에 초점이 맞추어져 있다면 참여형은 개인적 학습 참여와 더불어 공동체적 학습 참여가 가능한 프로그램입니다. 대표적으로 메타버스를 꼽을 수 있습니다. 메타버스는 초월, 가상을 의미하는 메타(meta)와 세계, 우주를 뜻하는 유니버스(universe)의 합성어로 일반적으로 '가상현실' 또는 '가상세계'라고 부릅니다.[95] 이 가상현실 메타버스는 현재 게더타운, 제페토, 이프렌드, 로블록스 등 다양한 플랫폼에서 사용되고 있으며 주로 사용자들이 함께 모여 교제하거나 대화에 참여하는 SNS로 활용되고 있습니다.

 신앙교육에서 메타버스를 활용하는 방법으로는 크게 두 가지가 있습니다. 하나는 일반 메타버스 플랫폼에 그리스도인이 참여하는 선교형(missional metaverse)이 있고 다른 하나는 기독교 메타버스 플랫폼에 그리스도인이 참여하는 기독교 세계관형(faith metaverse)이 있습니다.[96] 선교형의 경우 그리스도인 학습자들이 일반 메타버스 플랫폼에 접속하여 주일에 배운 내용을 친구들과 나누고 전도하는 방식입니다. 학습자들이 물리적 공간에서 면대면으로 대화하는 방식을 가상공간인 메타버스에서 친구들에게 복음을 전하고 기독교 신앙을 소개하는 용도로 활용할 수 있습니다. 반면에 기독교 세계관형은 메타버스를 신앙교육용으로 활용하는 것입니다. 주로 주일 성경공부를 심화 적용하는 용도로 사용하거나 또는 여름·겨울 성경학교, 청소년 수련회, 주중 제자훈련 시 성경공부를 하는 온라인 교육장소로 활용할 수 있습니다. 예를 들어, 메타버스 가상공간에 수련회 활동으로 주제와 관련된 소그룹 방을 만들고 그 주제를 직접 체험하는 교육 프로그램을 제작, 탑재하여 학습자들이 신앙적인 경험을 할 수 있도록 하는 방법이 있습니다. 이처럼 메타버스를 활용하는 방법은 시간과 공간의 제약을 극복하고 다양한 신앙 교육적 체험을 가능하게 한다는 장점이 있습니다.

참여형 에듀테크 중에 패들렛(Padlet)도 신앙교육에 활용할 수 있습니다. 패들렛은 일종의 온라인 협업 도구로서 학습자가 수행한 과제 및 과업을 다른 사람들과 공유하거나 새로운 아이디어를 모으는 데 사용하는 학습도구입니다. 이는 특정 주제에 대한 학습자의 생각을 실시간으로 업로드하여 공유함으로써 학습집단이 의사결정을 하는 데 사용할 수 있습니다. 교수자 입장에서는 학생들에게 공지사항을 전달하거나 학생들의 작품 중에 우수작을 공유하여 다른 학생들이 참고하도록 하는 용도로 사용할 수 있습니다. 패들렛은 사용자에게 다양한 템플릿을 제공하며 사용자가 사용하기 쉬운 인터페이스를 제공하여 손쉽게 활용할 수 있습니다. 신앙교육에서 패들렛은 성경공부 참여자들의 의견 및 아이디어를 실시간으로 모으는 데 활용하거나 혹은 주중 신앙 실천활동에 대한 결과물을 공유하는 용도로도 활용할 수 있습니다. 먼저 성경공부 시에 활용하는 방법으로 주일에 배운 특정 주제에 대한 실천 방법 아이디어를 모으는 데 사용할 수 있습니다. 가령 선교에 대한 주제로 설교를 들었다면, 성경공부 시간에 패들렛을 활용하여 실제로 우리가 할 수 있는 선교의 방법을 패들렛에 공유하고 서로 나누면서 가장 현실적인 선교의 방법을 찾아내는 활동을 할 수 있습니다. 패들렛은 교사와 학생이 자신의 스마트폰으로 접속할 수 있기 때문에 손쉽게 사용할 수 있습니다. 한편 패들렛은 주중 실천 과제에 대한 결과 보고 및 피드백 용으로도 사용할 수 있습니다. 가령 학생들이 주일 예배와 성경공부 시간에 이웃 사랑에 대한 내용을 배웠다면, 한 주간 살아가면서 자신이 실천한 이웃 사랑의 내용을 패들렛에 공유하고 다른 사람들의 피드백을 받는 방식으로 진행할 수 있습니다.

참여형 에듀테크 중에 구글어스(Google Earth)와 같은 프로그램도 신앙교육에 활용할 수 있습니다. 구글어스는 구글에서 제공하는 위성지도 서비스로서 전 세계의 다양한 장소를 3D와 2D 형태로 보여주는 기능이 있습니다. 사용자가 구글어스에 접속하여 자신이 원하는 장소를 입력하면 그 장소를 찾아 보여줍니다. 사용자는 마우스 조작을 통해 자신이 찾은 지역을 중심으로 지도를 확대하거나 축소할 수 있어서 위치에 대한 정확한 정보를 얻을 수 있습니다. 구글어스와 같은 지도를 신앙교육에 활용하는 방법으로 성경 속 지역 검색, 선교지 탐색 등이 있습니다. 먼저 성경공부에 활용하는 방법이 있는데 구약의 근동지역과 신약의 이스라엘과 소아시아 등이 현재의 어느 곳인지를 찾아보는 용도로 사용할 수 있습니다. 또한 성경공부 이후에 본인이 관심이 있는 선교지를 선정하는 데에도 구글어스를 활용할 수 있습니다. 만일 학습자가 특정 지역 선교에 관심이 있다면 그곳을 직접 찾아보고 그곳의 지형 및 구조를 파악하는 등 선교 대상지를 미리 정밀하게 살펴볼 수 있습니다. 이를 통해 선교지에 대한 보다 생생한 관심을 갖게 할 수 있습니다. 한편 구글어스에는 타임랩스 기능이 있는데 이는 한 지역이 수십 년간 어떻게 변해왔는지를 한눈에 볼 수 있는 기능입니다. 신앙교육에서 이 기능을 활용하면 하나님이 창조하신 우리 주변 지역의 자연이 어떻게 변해왔는지를 살펴보면서 우리가 해야 할 지역사회 자연보호 활동 프로젝트를 함께 구상하고 실천할 수 있습니다.

참여형 에듀테크로 VR, AR 등도 활용할 수 있습니다. VR(Virtual Reality)은 가상현실이며 AR(Augmented Reality)은 증강현실입니다. VR은 컴퓨터 및 해당 디바이스를 활용하여 인공적으로 실제 세계와 유사한 세계를 만들어 낸 기술입니다. 이 기기를 활용하면 자신이 실제로 가보지 못한 장소를 가상 공간에서 가볼 수 있고 만나고 싶었던 사람을 만날 수도 있습니다. 신앙교육에 활용할 경우 성경 시대의 장소를 탐방할 수 있고 성경의 인물들을 만날 수도 있습니다. AR은 증강현실로

겹쳐보기 기술을 활용하여 사람이나 사물을 실감나게 보여줍니다. 신앙교육에서는 AR을 활용한 성경 스토리보드, AR 성경지도, AR 전도지 제작 등에 활용하여 성경의 이야기를 보다 실감 나게 경험하도록 할 수 있습니다.

코딩 활동형 에듀테크 활용

코딩이란 컴퓨터에 프로그래밍 언어로 명령어를 입력하여 원하는 결괏값을 이끌어내는 프로그래밍 기술을 의미합니다.[97] 즉 입력자가 명령어를 순차적으로 입력하고 특정한 조건을 입력하면 그 조건에 따라 움직이는 기술입니다. 우리나라의 경우 교육의 영역에서 코딩은 매우 보편적으로 활용되고 있습니다. 대표적인 코딩 프로그램으로 스크래치와 엔트리가 있습니다. 스크래치는 MIT 미디어랩에서 코딩을 학습하도록 돕는 프로그램입니다. 이는 블록을 조합하는 블록형 코딩 방식으로 자신이 원하는 블록을 끌어와서 조합하고 특정한 행동을 유발하는 입력값을 기록하여 행동하게 하는 방식입니다. 스크래치를 활용하면 학습자 본인이 구현하고자 하는 방식의 게임, 영상, 노래 등을 만들 수 있습니다. 한편 엔트리 프로그램도 있는데 이는 한국형 코딩 프로그램으로 작동 원리는 스크래치와 유사합니다. 신앙교육에 코딩 기술을 활용하면 다양한 신앙교육 활동에 적용할 수 있습니다.[98] 먼저 코딩은 성경 이해 활동에 활용할 수 있습니다. 학습자가 성경을 배우고 난 이후에 배운 내용을 코딩 프로그램을 활용하여

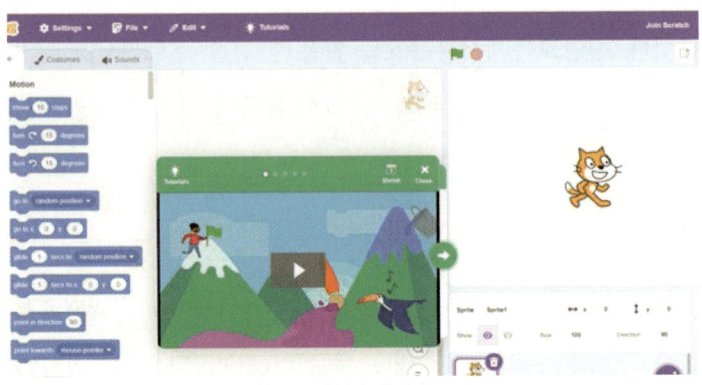

[그림] 코딩 학습 프로그램(출처: 스크래치 홈페이지)

재구성할 수 있습니다. 가령 아브라함과 이삭의 이야기를 배웠다면 블록형 코딩을 활용하여 성경 인물에게 특정 값을 입력하여 성경에 기록된 대로 행동하도록 만들 수 있습니다. 이 활동은 코딩 프로그램을 통해 인물의 행동값을 정확히 입력해야 하기에 학습자가 성경을 세밀하게 읽고 이해하도록 도우며 자신의 표현으로 재구조화하여 지식을 자신의 것으로 만드는 내면화가 가능하다는 장점이 있습니다. 또한 코딩 프로그램은 성경 적용활동에도 이용할 수 있습니다. 학습자가 주일에 배운 성경의 핵심 내용을 토대로 그것을 어떻게 적용하며 살아야 할 것인지를 코딩을 통해 표현할 수 있습니다. 가령 아브라함과 이삭의 이야기에서 순종하는 믿음에 대하여 배웠다면 이것을 오늘날 나의 삶에 어떻게 적용할 것인지를 코딩으로 표현할 수 있습니다. 코딩을 활용하여 믿음의 선택을 하는 게임을 제작할 수도 있고 순종과 관련된 단어를 찾는 활동도 할 수 있습니다. 이러한 코딩 활동은 신앙을 내면화할 수 있는 장점이 있습니다.

코딩 활동과 관련하여 유아, 초등학생을 대상으로 하는 프로그램으로 '옥토 스튜디오'가 있습니다. 이 프로그램 역시 MIT 미디어랩에서 만든 것으로 스마트폰에서 어플리케이션을 활용하여 자유롭게 코딩할 수 있는 프로그램입니다. 학습자는 손가락으로 배경화면과 인물을 설정하고 블록을 움직여 동작, 소리 등을 설정해 자신이 원하는 동작과 말을 만들 수 있습니다. 이 프로그램은 스마트폰에서 손쉽게 코딩을 할 수 있다는 장점이 있는데 신앙교육에 활용할 경우 앞서 언급한 스크래치나 엔트리처럼 자신이 이해한 성경 이야기를 재구성하거나 혹은 성경의 내용을 자신의 삶에 적용하는 방식으로 활용할 수 있습니다.

한편 코딩과 로봇을 활용한 교육활동도 있습니다. 스크래치, 엔트리, 옥토 스튜디오 등이 코딩을 이용하여 화면상에서 구현하는 기술이라면 로봇은 코딩을 통해 입력한 값을 실제 움직임으로 구현하는 기술입니다. 현재 교육용으로 활용할 수 있는 로봇은 큐브 형태의 로봇과 휴머노이드 로봇이 있습니다. 큐브 형태의 로봇은 네모난 사각형 형식으로 된 로봇으로 어플리케이션을 활용하여 자신이 원하는 코드를 입력해 로봇을 움직이게 할 수 있습니다. 휴머노이드는 인간과 유사한 모습을 한 로봇으로 크기는 인간보다 작지만 생김새가 인간과 비슷하여 실감 나는 행동을 구현할 수 있습니다. 이 휴머노이드 로봇 역시 어플리케이션을 통해 학습자가 움직임을 통제할 수 있습니다. 코딩과 로봇을 신앙교육에 활용할 수 있는데, 성경공부를 통해 학습한 내용을 자신의 삶에 어떻게 적용하며 살 것인지를 코딩을 통해 입력하고 로봇으로 그 행동을 구현해 볼 수 있습니다. 가령 예배를 통해 하나님을 찬양하는 삶에 대하여 배웠다면, 코딩과 로봇을 활용하여 하나님을 찬양하는 춤을 추거나 박수하도록 명령할 수 있고 목소리로 하나님을 찬양하는 구절을 입력하여 말하게 할 수도 있습니다. 로봇은 화면상에서 구현되는 코딩을 실제 움직임으로 구현해 볼 수 있다는 점에서 실물교육의 장점이 있습니다.

코딩을 활용한 교육활동으로 마이크로비트(Micro:bit)도 활용해 볼 수 있습니다. 마이크로비트는 영국의 BBC가 만든 마이크로컨트롤러 보드로 피지컬 컴퓨팅을 기반으로 한 교육용 소형 보드 컴퓨터 기기입니다.[99] 피지컬 컴퓨팅이란 코딩과 같은 프로그램을 활용하여 데이터를 입력하면 보드를 통해 다양한 방식으로 출력값이 표현되는 방식을 의미합니다. 마이크로비트는 작은 보드로 구성된 컴퓨터라고 할 수 있는데 블록형 코딩이나 텍스트 코딩을 통해 정보를 입력하면 빛, 온도, 자기, 가속도 센서 등이 작동하여 출력이 이루어집니다. 이것을 활용하면 다양한 교육 프로젝트를 수행할 수 있습니다. 신앙교육에서도 이 마이크로비트를 활용할 수 있는데, 학습자가 예배 및 성경공부 시간에 배운 내용을 자신의 삶에 적용

[그림] 코딩 활용 교육활동(출처: 마이크로비트 홈페이지)

해 보는 교육 활동용으로 활용이 가능합니다. 가령 감사에 대한 내용을 학습했다면 코딩을 통해 '1일 1감사'라는 말을 써넣을 수 있고 이것이 음성으로 출력되도록 입력할 수도 있습니다. 또한 이 과정에서 빛이 반짝이도록 입력하여 다양한 방식으로 표현할 수 있습니다. 한편 마이크로비트에 포함된 각종 센서를 활용하면 기독교적 환경보호 프로젝트나 지역사회 노인 안전연락망 구축 등과 같은 프로젝트도 수행할 수 있습니다. 이렇게 코딩을 활용한 신앙교육 활동은 자기 주도성과 창의성이 계발되고 궁극적으로 문제해결력이 향상될 수 있다는 장점이 있습니다.

시각화 에듀테크 활용

시각화는 정보를 시각적으로 표현하는 것으로 그림, 도표,

글 등을 모두 포함합니다. 시각화 에듀테크 기술이란 학습자의 생각을 그림, 웹툰 등으로 표현하도록 돕는 기술을 의미하며 음성으로 된 파일을 글로 변환하여 보여주는 것도 시각화에 포함된다고 볼 수 있습니다. 인공지능 기술을 활용한 시각화 에듀테크 프로그램으로는 오토 드로우(Auto Draw)가 있습니다. 이 프로그램은 인공지능 기반 그림 그리기 프로그램으로 학습자가 자신이 원하는 그림을 그리기 시작하면 그 그림이 무엇인지 프로그램이 인식하여 그와 관련된 그림을 제안하고 학습자가 선택하면 그림이 완성되는 프로그램입니다. 인공지능은 머신러닝 알고리즘을 통해 학습자가 그린 그림이 무엇인지 인지하고 제안해 줍니다. 학습자는 이러한 방식을 활용하여 스토리를 구성하여 여러 가지 그림을 그릴 수 있고 다양한 디자인을 입혀서 스토리보드를 완성할 수 있습니다. 신앙교육에서 오토 드로우를 활용할 수 있는데 자신이 배운 성경 이야기를 직접 그려보거나 혹은 성경 내용에 기반하여 자신이 살고 싶은 삶을 그림으로 그리는 활동을 할 수 있습니다. 또한 텍스트를 입력하여 성경 이야기를 기록하거나 또는 자신의 신앙적 다짐을 입력할 수 있습니다.

시각화 에듀테크 프로그램으로 투닝(Tooning)이 있습니다. 투닝은 인공지능 기반 웹툰 제작 플랫폼으로서 학습자가 손쉽게 웹툰을 제작할 수 있는 도구입니다. 투닝은 플랫폼 자체 내에 다양한 캐릭터를 보유하고 있으며 이를 활용하여 웹툰을 제작할 수 있고 텍스트도 입력할 수 있어서 만화를 제작하는 데 매우 유용합니다. 투닝은 신앙교육에도 효과적으로 활용할 수 있는데 먼저 성경의 내용을 네 컷 혹은 여섯 컷 만화 형식으로 재구성할 수 있습니다. 따라서 학습자는 설교나 성경공부 시간에 배운 성경의 내용을 투닝을 활용하여 재구성해 볼 수 있습니다. 이를 통해 학습자 스스로 성경을 읽고 분석하여 자신의 것으로 만들 수 있게 됩니다. 한편 투닝은 성경 본문 분석 외에도 설교말씀을 듣고 그것을 자신의 삶에 적용하기 위한 다짐 활동에 사용할 수 있습니다. 가령 교회에서 아담과 하와가 선악을 알게 하는 나무의 열매를 따 먹고 에덴동산에서 추방된 사건을 배웠다면, 이 내용을 토대로 '유혹을 이기는 방법'에 대하여 네 컷 다짐 만화로 구성해 볼 수 있습니다. 투닝 프로그램은 그림에 소질이 없는 학습자도 손쉽게 그림을 그릴 수 있게 한다는 측면에서 모든 학습자가 사용하기에 유익한 측면이 있습니다.

한편 음성 자료를 글로 변환해주는 프로그램도 신앙교육에서 활용해 볼 만합니다. 대표적인 프로그램으로 클로바노트가 있습니다. 클로바노트는 인공지능을 기반으로 음성 녹음, 텍스트화, 내용 요약 등을 할 수 있습니다. 학습자는 스마트폰이나 컴퓨터를 이용하여 강의의 내용을 녹음할 수 있으며 이렇게 녹음한 내용을 텍스트로 변환하여 내용을 시각화할 수 있고 전체 내용을 요약된 형태로도 볼 수 있어서 매우 유용합니다. 클로바노트의 이러한 기능들은 신앙교육에도 활용할 수 있는데 학습자들이 설교를 녹음하여 텍스트화하거나 그것을 요약한 내용을 묵상하거나 개인 SNS에 업로드하여 다른 사람과 공유할 수 있습니다.

청각화 에듀테크 활용

청각화란 정보를 청각적으로 표현하는 것으로 목소리, 노래, 악기 등을 활용한 표현을 모두 포함합니다. 이와 관련하여 청각화 에듀테크란 내레이션과 같이 목소리를 편집하여 동영상을 만들거나 혹은 노래 작곡을 통해 음악을 제작하는 것을 일컫습니다. 청각화 에듀테크 중에 내레이션 목소리를 삽입하여 동영상을 편집하는 프로그램으로 브루(Vrew)가 있습니다. 브루는 인공지능 기술을 활용한 동영상 자막 편집 프로그램입니다. 이 프로그램은 음성인식 기능, 자막생성 및 편집, 번역 기능까지 갖추고 있어서 누구나 손쉽게 영상을 편집할 수 있습니다. 브루 프로그램을 신앙교육에 활용할 수 있는데, 설교 내용을 내레이션이 포함된 짧은 영상으로 편집할 수 있고 설교 및 성경공부에서 배운 내용을 토대로 자신이 어떻게 살 것인지 다짐하는 영상을 만들어서 발표하거나 혹은 SNS를 통해서 다른 사람들과 공유할 수 있습니다. 이 프로그램의 가장 큰 장점은 내레이션 목소리를 자신이 원하는 소리로 선택할 수 있으며 그림도 삽입할 수 있다는 데 있습니다. 앞서 설명한 투닝 프로그램을 통해 성경 이야기를 표현하는 그림을 그리고 이것에 맞게 내레이션을 입히면 수준 있는 성경 동영상을 제작할 수 있습니다.

인공지능 기반 청각화 에듀테크 프로그램으로 블롭 오페라(Blop Opera)가 있습니다. 이 프로그램은 구글(Google Arts & Culture)에서 만든 머신러닝 기반 오페라 소리 프로그램입니다. 소프라노, 메조소프라노, 테너, 베이스 네 명의 목소리가 담긴 인형을 손가락이나 마우스로 조작하면 노래의 음을 낼 수 있으며 그 음에 따라 머신러닝 모델들이 소리를 조합하여 오페라 곡을 만들 수 있습니다. 이 블롭 오페라 프로그램 역시 신앙교육에 활용할 수 있는데 자신이 배운 성경의 내용을 오페라 음에 맞추어 찬양을 제작할 수 있습니다. 이 프로그램으로 오페라 찬양을 제작하여 개인 SNS에 게시한 후 그 곡에 대한 설명을 기록해 두면 다른 사람도 감상할 수 있습니다.

6. 인공지능 에듀테크 사용 가이드

과학기술은 하나님이 주신 선물입니다. 다만 그것을 어떻게 사용하느냐에 따라 인간에게 좋은 선물이 될 수도 있고 반대로 인간을 괴롭게 하는 도구가 될 수도 있습니다. 인공지능과 그것을 기반으로 하는 에듀테크 역시 교육활동에 선용한다면 신앙 성장에 좋은 도구가 될 수 있지만 기계 자체가 주체가 되면 오히려 방해가 될 수 있습니다. 따라서 기독교교육을 수행하는 교사로서 학생들을 가르치기 위하여 몇 가지 중요한 사용 가이드를 준수해야 합니다.

첫째, 성경은 모든 지식보다 우월하며 그 지식을 해석합니다. 성경은 하나님의 말씀으로 최고의 권위를 가지며 모든 것의 최종적 판단 기준입니다. 인공지능이 아무리 높은 수준의 지식과 정보를 제공한다고 할지라도 그 가공된 지식은 절대적일 수 없습니다. 오히려 인공지능이 만들어 낸 정보의 옳고 그름은 성경을 통해 판단받아야 합니다. 챗GPT와 같은 생성형 AI가 만들어내는 정보들에 대하여 성경을 통해 비판적 시각을 가지고 바라보아야 하는 이유가 여기에 있습니다. 다음 세대를 가르치는 기독교교육 교사는 인공지능이 제공하는 정보를 맹신해서는 안 되며 학생들에게도 무비판적으로 수용하지 않도록 가르쳐야 합니다. 오직 성경만이 최고의 진리이며 모든 지식을 해석할 수 있습니다.

둘째, 신앙교육은 하나님과의 인격적 교제를 근간으로 해야 합니다. 인간은 하나님의 형상대로 지음 받은 존재입니다. 이는 인간이 하나님을 닮았으며 하나님과 친밀한 영적 교제가 인간 삶의 기초가 됨을 알려줍니다. 이러한 인격적 교제를 위해서는 신앙교육도 인격적이어야 합니다. 면대면 교육을 기반으로 교사와 학습자가 만나며 학습자와 학습자가 주 안에서 말씀을 배우고 교제하는 것이 신앙교육의 기초를 이룹니다. 인공지능과 에듀테크가 엄청나게 빠르고 고급스러운 지식과 정보를 제공한다고 할지라도 상호적 친밀성과 인격적인 관계를 통해 주어진 지식을 기초로 하지 않으면 생명을 살리는 교육이 될 수 없습니다. 따라서 신앙교육은 무엇보다 하나님과의 인격적인 교제를 기초로 이루어져야 합니다.

셋째, 인공지능을 활용한 신앙교육은 의미 지향성을 내포하고 있어야 합니다. 인공지능은 학습자에게 다양한 정보를 효율적으로 전달해 줄 수 있습니다. 그리고 효과적인 학습을 통해 지식을 이해할 수 있도록 도와줍니다. 그러나 기독교 신앙교육의 목적은 기독교에 대한 지식을 습득하거나 이해하는 수준에 머무르는 교육이 아닙니다. 오히려 하나님에 대한 앎과 이를 토대로 하는 실천적인 삶을 지향하는 것이 바로 기독교 신앙교육의 목표입니다. 이러한 점에서 인공지능을 활용하는 교육은 학습자로 하여금 '전문성'을 갖추어 '전이'가 일어나도록 해야 합니다.[100] 인공지능이 신학적 지식과 신앙생활에 대한 정보 제공과 지식 이해를 효과적으로 성취시켜 줄 수는 있으나 의미 추구에서는 그 한계도 명확합니다. 따라서 인공지능을 활용한 신앙교육은 신앙적인 실천으로 전이가 일어나도록 하는 데까지 나아가야 하며 이를 통해 참된 신앙의 의미를 얻을 수 있도록 해야 합니다. 이 점에서 인공지능을 절대시해서는 안 되며 결국 신앙적인 의미를 찾는 것은 하나님의 형상인 인간이 하나님 앞에서 실천적인 삶을 사는 것을 통해 성취됨을 인지해야 합니다.

넷째, 신앙교육에서 인공지능 기반 에듀테크 기술은 대안재가 아니라 보조재입니다. 프랭크 파스콸레(Frank Pasquale)는 일반적 관점에서 인공지능 및 로봇과 관련된 새로운 원칙을 제시하면서 가장 첫 번째 원칙으로 인공지능은 '대체가 아닌 보완' 역할을 해야 한다고 강조합니다.[101] 이 원리는 신앙교육에서 더욱 강조되어야 합니다. 인공지능이 인간의 삶을 보다 편리하게 만들고 신앙교육에서도 많은 정보를 효과적으로 전달해 주는 유익이 있는 것은 사실이지만, 이것이 성경을 대신할 수 없고 신앙교육 교사를 대체할 수 없음을 인식해야 합니다. 과학기술을 절대시하는 포스트휴머니즘의 과학주의는 과학기술이 인류를 구원할 수 있는 도구이며 궁극의 대안이 될 수 있다고 말합니다. 그래서 과학기술이 성경도 대체하고 교사도 대체할 수 있다고 생각합니다. 그러나 아무리 과학기술이 발달한다고 할지라도 그것이 신앙교육에서 궁극적 지식과 지혜를 제공하는 대안재가 될 수 없으며 단지 신앙 성장의 보조적 역할을 수행하는 도구임을 인식해야 합니다.

다섯째, 기독교 교사는 기독교 세계관의 관점에서 디지털·AI 리터러시를 익혀야 합니다. 디지털·AI 리터러시 역량이란 인공지능 및 디지털 기술을 이해하고 활용할 수 있는 능력을 의미합니다. 즉 디지털 기기를 어떻게 활용할 것인지, 다양한 정보를 어떠한 관점으로 수용할 것인지, 인공지능을 어느 정도 활용할 것인지 등에 대하여 기준을 세우고 실제 활용력을 기르는 것입니다. 기독교 신앙을 가르치는 교사에게 이러한 역량이 필요한 이유는 현대 학습자가 이미 디지털 기기와 인공지능을 삶의 일부로 여기며 활용하고 있기 때문입니다.

더군다나 현대 학습자들은 인공지능 기반 빅데이터 사용 시 특정 알고리즘의 영향과 그로 인한 데이터 편향성에 그대로 노출될 수 있습니다. 따라서 교사는 신앙 안내자의 위치에서 디지털 기술과 인공지능을 어떻게 바라보고 활용해야 하는지에 대하여 기독교 세계관의 관점에서 명확한 입장을 가지고 있어야 합니다.

여섯째, 기독교 교사는 인공지능 세대를 위해 디지털 기기와 인공지능 활용 기법을 적극적으로 배워야 합니다. 문화는 호흡과 같아서 모든 인간은 문화의 영향력에서 자유로울 수 없습니다. 오늘날 과학기술의 발달과 디지털·AI 기술은 현대 문화의 새로운 표준으로 자리 잡고 있습니다. 그리스도인은 이것을 맹목적으로 따라가서는 안 되며, 비판적이고 효과적으로 활용하기 위해 디지털 및 인공지능 기술을 배울 필요가 있습니다. 특히 현대 학습자는 디지털·AI 네이티브이기 때문에 이들에게 성경을 효과적으로 가르치기 위해서는 디지털·AI 기술을 잘 이해하고 배워야 할 필요가 있습니다.

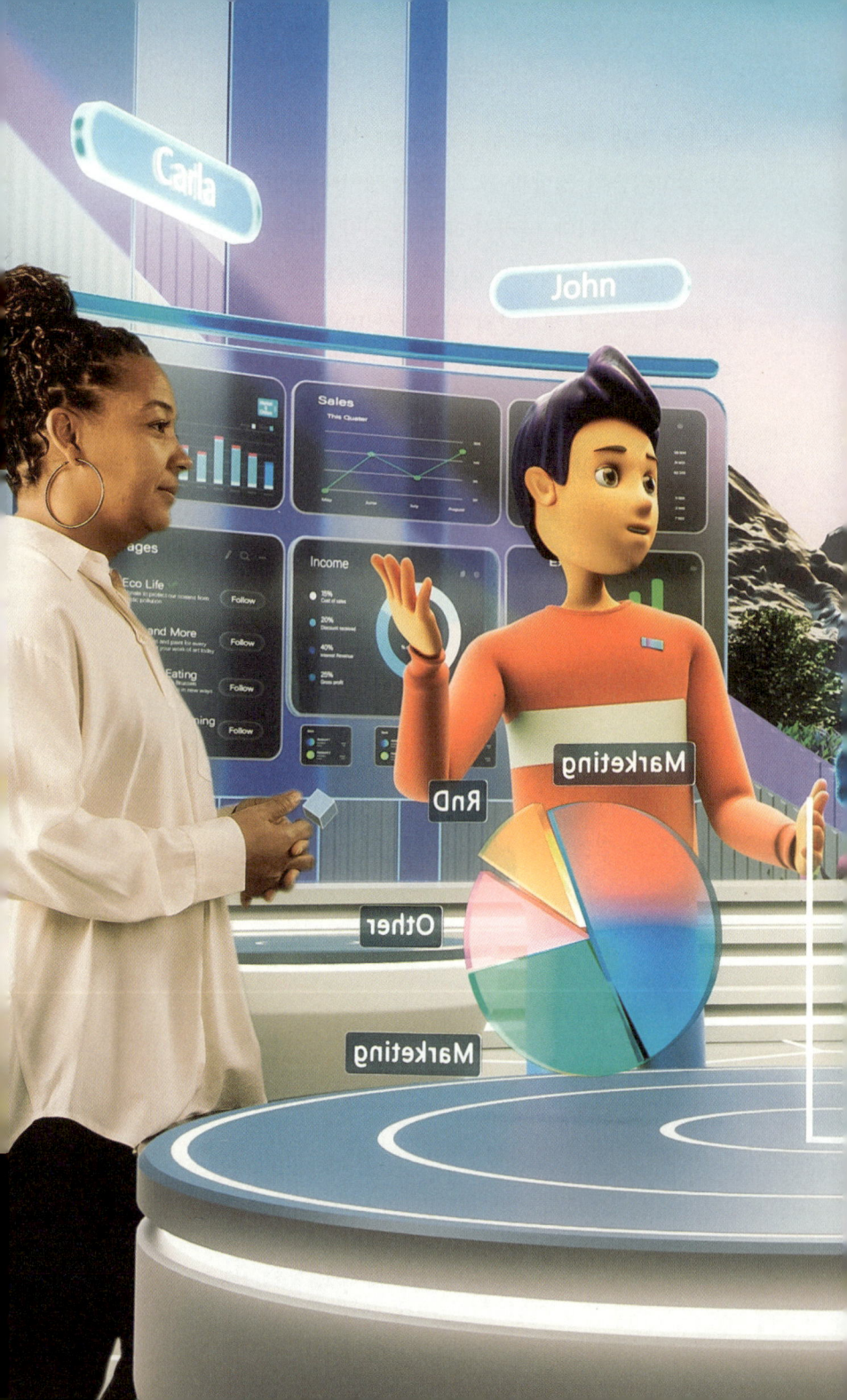

부록

AI의 파도를 분별하라
- 저자들의 담론

진행자 : 김수환 교수
대담자 : 신국원 교수, 김희석 교수, 함영주 교수

이 대화는 생성AI 시대와 기독교인의 삶을 고민하여 집필한 저자들과의 대담형식을 김수환 교수가 풀어쓴 담론입니다. AI 시대를 살아가는 현대 크리스천으로서 어떻게 살아가는 것이 옳은 것인지 해답을 찾아가는 시간이 되시기 바랍니다.

지금부터 저자분들을 모시고, 이 책의 핵심내용이나 독자들이 궁금해 하실 만한 내용의 질의 응답을 대담형식으로 진행하도록 하겠습니다. 먼저 각 쳅터를 집필해주신 신국원 교수님, 김희석 교수님, 함영주 교수님 순서대로 각자 연구하고 계신 영역에 대해서 소개 부탁드립니다.

신국원 | 저는 기독교 철학 전공으로 총신대학교에서 재직한 30년간 서양철학을 기독교적 관점에서 가르치려고 노력했습니다. 아울러 문화에 관심을 기울여 기독교 문화 이론과 문화연구도 다루었습니다. 주로 신학과 학생들이 대상이지만 다른 전공을 하는 학생들도 염두에 두고 대학생이 갖추어야 할 기독교적 안목과 인문학적 소양 전반을 소개하려고 했습니다. 총신대학교는 독특한 대학이라 기독교적으로 철학을 가르쳐도 학생들이 많은 관심을 가지고 열심히 따라와주어 참 행복했습니다. 저는 기독교 세계관으로 문화를 이해하고 그리스도인으로서 책임 있게 살아간다는 것이 무엇인가를 놓고 씨름하며 공부했고, 그 결과물을 학생들과 나누었는데, 그것이 저에게 큰 복이었습니다.

김희석 | 저는 총신대학교에서 구약성경을 강의하고 있습니다. 구약 중에서 세부적으로는 시가서(지혜서 포함) 전공이고, 언약 신학에도 학문적 관심이 많습니다. 이번에 우리가 논의하는 주제와 관련해서 보면 성경신학 전공자로서 성경해석학적 접근을 시도할 수 있다고 생각합니다. 성경해석학이란 성

경 텍스트를 정리해서 어떻게 독자(성경을 읽는 독자나 설교를 듣는 청중)에게 그 의미가 적실하게 전달되게 할 것인가를 다루는 분야입니다. 저는 이 해석학이라는 이론적 분야가 설교자 혹은 성경의 독자들에게는 좀 더 현장 중심적으로 이해되어야 한다고 생각하는데, 그것이 바로 주해라는 분야입니다. 본문에서 의미를 길어내고 고대 텍스트의 의미가 현대 독자들에게 적절한 의미가 될 수 있도록 본문을 단계별로 이해해 가는 과정이 바로 주해입니다. 주해는 텍스트에 대한 관심뿐만 아니라 그 텍스트의 의미가 결국 독자들에게 메시지로 다가가고 우리 자신에게 적용되는 데까지 가는 것을 궁극적인 목표로 삼습니다. 저는 성경 전공자로서 해석학, 주해, 설교의 적용에 이르는 전반적인 과정에 관심이 있습니다. 이런 부분에서 제가 공부해온 내용을 함께 나눌 수 있기를 소망하면서 이번 프로젝트에 동참하게 되었습니다.

함영주 | 저는 총신대학교 기독교교육과에서 기독교교육방법론을 가르치고 있습니다. 기독교교육은 교육신학, 교육철학, 교육과정, 교육행정 등 여러 영역이 있는데 저는 교육방법을 전공했고, 특히 교육방법 중에서 성경교수법을 전공했습니다. 사실 이번에 우리가 연구하고 있는 인공지능도 성경을 가르치는 데 굉장히 중요한 도구가 될 수 있다고 생각합니다. 그래서 이번에 저는 에듀테크와 관련하여 글을 썼습니다. 사실 교육방법론이라는 것이 문화적 상황이나 시대적 변화를

반영하기 때문에 현대 시대에 에듀테크를 어떻게 활용할 것인가에 조금 더 관심을 갖고 글을 썼습니다.

김수환 | 각자 소개해주셔서 감사합니다. 저는 컴퓨터 교육을 전공했습니다. 이번 글을 쓰면서 제가 제일 고민이 되었던 것은, 평신도 크리스천이자 인공지능을 연구하는 사람으로서 어떤 마인드를 가져야 하는지에 대한 고민을 담아내는 것이었습니다. 일반인인 성도들이 인공지능을 어떻게 바라보면 좋을지, 나아가 인공지능이 어디까지 발전할 수 있을까에 대한 고민을 담아냈다고 보시면 될 것 같습니다. 책의 중간중간에 제가 갖고 있는 고민들을 질문 형식으로 던져놓고 스스로 답을 했는데, 뒷부분 교수님들의 글에서 답이 된 것 같습니다. 각 분야의 전문가 교수님들과 이렇게 협력할 수 있게 되어 영광으로 생각하고 또 감사한 생각이 들었습니다.

각자 쓰신 부분에서 가장 핵심적이라고 생각하시는 내용을 조금 설명해 주시면 좋겠습니다. 독자들이 책을 읽을 때, 각 챕터에서 이런 부분을 중점적으로 보면 좋겠다고 생각하게 될 것 같거든요. 먼저 신 교수님께서는 세계관 중심으로 이야기를 해주셨는데 어떤 부분을 독자들이 중점적으로 보면 좋을지 가이드를 주시면 좋겠습니다.

신국원 | 과학과 기술의 급속한 발전은 21세기 문화의 흐름 속에서 가장 강력한 변화 요인입니다. 특히 컴퓨터와 연관된

기술은 적용 범위가 거의 제한이 없어 사회와 문화적 영향력이 가장 강하다고 할 수 있습니다. 텔레비전, 세탁기는 말할 것도 없고 냉장고, 청소기, 심지어는 밥솥과 같이 비교적 단순해 보이는 가전제품들만 해도 컴퓨터 기술이 안 들어간 기기가 거의 없지 않습니까? 사물인터넷이라는 말이 괜히 나온 것이 아닙니다. 이제 인공지능 기술은 더욱 그렇습니다. 하지만 그 영향력을 지나치게 과장하고 싶지는 않습니다. 이번 책에서는 오히려 제한적이라는 말을 강조하고 싶었습니다. 지나치게 믿거나 의지하는 태도를 반성하자는 것입니다. 인공지능 기술이 인간의 사고 능력의 일부분을 기계적으로 대체하고 있는 것이 사실입니다. 창조적인 생성의 부분까지 기술에 넘어가는 것이기 때문에 주의를 기울일 수밖에 없었습니다. 인간의 고유한 영역이라고 생각되는 부분에서 일어날 변화에 대해 주의를 기울여야 한다는 생각입니다.

이런 거대한 변화는 기술의 문제를 넘어 '세계관적 함축'이 있을 수밖에 없습니다. 태엽으로 돌아가는 시계가 등장하면서 우주가 하나님의 창조 이후에는 자동기계처럼 돌아가는 것으로 생각하기 시작한 기계론적 우주관이 등장한 것이 좋은 예입니다. 인공지능과 같이 강력하고 폭넓은 적용이 가능한 기술은 세상만 바꾸는 것이 아니라 우리가 세상을 바라보고 이해하는 관점도 바꾸어 놓게 마련입니다. 마치 진화론이 생물학적 관찰에서 시작했으나 하나의 세계관이 되어 세상과 문화까지도 자연적 진화의 산물로 보게 만드는 영향을 발휘한 것과 같습니다. 인공지능은 우선 인간에 대한 이해를 바꾸어 놓을 수 있습니다. 지능과 기억을 기계에 옮겨 영생을 꿈꾸는 유발 하라리나 커즈와일의 비전은 세계관으로 진화할 가능성을 이미 보여주었습니다.

우리는 기독교인으로서 성경적 관점에 따라 생각하고 느끼고 결정하는 신앙인으로서 살아갑니다. 저의 글은 인공지능이라는 혁신적이면서도 엄청난 영향력을 가진 기술이 우리 삶에 대대적으로 들어올 때, 우리 그리스도인은 어떤 태도를 가지고 살아야 하느냐에 대한 '초보적인 반성'이라고 할 수 있습니다. 기술의 특정 부분은 그 분야의 전문가들이 제일 반성을 많이 할 것입니다. 저는 인공지능 기술이 그리스도인의 삶에 어떤 영향을 미칠 것이며 우리는 그것에 대해서 어떤 자세로 대처해야 할 것인가를 나누고자 했습니다.

그래서 기술 전반에 대해서는 '하나님께서 주신 선물 중의 하나라고 생각하고 감사하게 받되, 언제 얼마나 어떻게 사용할 것이냐는 성경적 반성이 필요하다'라는 주장으로 시작했습니다. 그러면서 인공지능 기술은 삶에 아주 넓게 적용되는 '범용'이라는 것을 강조했습니다. 거기에는 김희석 교수님이 말씀하시는 성경 이해와 해석, 더 나아가 설교를 쓰는 것까지도 포함됩니다. 함영주 교수님이 얘기하시는 교육학 영역도 예외가 아닙니다. 결국 제 글은 인공지능 기술에 대한 이해와 반성의 기초작업을 해보려는 것이었습니다. 특별히 로마서 12장 1절과 2절에서 말하는 하나님의 선하시고 기뻐하시고 온전한 뜻이 무엇인지 분별하는 능력의 함양이 필요하다는 점을 나누려고 했습니다.

예, 감사합니다. 저도 교수님 글을 읽어보면서 여러 생각이 들었습니다. 말씀하신 영적 분별력이라는 개념이 다소 추상적인데 교수님 글을 읽으면서 정리가 되는 느낌이었습니다. 그래서 저도 '반성적인 태도'의 관점에서 독자들이 교수님의 글을 읽으면 좋겠다는 생각이 들었습니다.
이번에는 김희석 교수님께 여쭙겠습니다. 교수님께서는 성경해석 관점에서 집필을 하셨는데, 앞쪽에 해석 방법과 더불어 인공지능을 어떻게 활용하면 좋은지에 대한 내용도 적어주셨습니다. 독자들이 어떤 부분을 중점적으로 보면 좋을까요?

김희석 ｜ 저는 성경을 해석하려는 분들, 즉 본문을 청중의 삶에 연결시키려는 설교자 혹은 성경을 이해하여 자신의 삶에 적용해보려는 독자들이 인공지능을 어느 정도까지 활용할 수 있는가에 초점을 맞추었습니다. 성경 해석자의 입장에서 인공지능의 활용이 어떤 부분에서 가능한가라는 질문에 답하려고 한 것이지요. 그래서 성경해석의 단계별로 이 질문을 던져 보았습니다. 현재 저는 성경주해에 대해 여덟 가지 단계를 차례로 통과해야 텍스트의 의미가 도출된다고 정의하고 있기에 그 단계에 맞추어 이 문제를 다루었습니다. 이 8단계는 거시적으로 보면 세 단계로 구분된다고 할 수 있습니다. 맨 처음에는 기본적 자료 데이터들이 차례로 구성되어야 합니다. 원문을 한국말로 번역하는 것(언어 데이터 패키지), 역사적 배경 지식을 획득하는 것(역사적 정황 데이터 패키지), 본문에 나오는 핵심 어휘의 의미를 찾아보는 것(단어 연구 데이터 패키지), 본문의 장르를 이해하는 것(장르 데이터 패키지)인데, 이 단계에서는 인공지능이 유용하게 활용될 수 있다고 생각합니다. 이런 자료들은 관련 데이터가 매우 많이 축적되어 있고, 그러한 축적된 데이터는 높은 수준의 객관성이 확보되어 있다고 볼 수 있습니다. 그렇기에 이 단계의 주해과정에서는 인공지능이 정리해주는 자료들이 어디에서 나왔는지 즉 자료 출처 정도만 잘 확인된다면 활용 가능하다고 여겨집니다.

두 번째 단계는 첫 번째 단계에서 모은 데이터를 기초로, 구약의 본문 자체를 살피고 신약과 연결하는 단계입니다. 즉 성경 본문을 살펴서, 특별히 구약성경 텍스트 같은 경우는 예수님이 오셔서 계시를 완성하시는 신약의 관점까지 통전적으로 고려하는 것입니다. 이렇게 구약과 신약을 연결하는 깊이 있는 작업을 수행해야 하는데, 인공지능이 어떤 객관화된 작업을 해낼 수 있을 것이라고 보기는 어렵습니다. 해석할 수 있는 길, 즉 해석의 옵션이 굉장히 많아지는 해석 작업이 될 것이기 때문입니다. 인공지능이 그중 어떤 옵션을 선택하여 결론으로 도출해낼 것인가 하는 문제는, 그 문제에 대한 해답을 요청한 사람 즉 성경 해석자가 갖고 있는 신학적 방향성 혹은 삶의 결과가 어떻게 잘 매치될 수 있는지 담보할 수 없는 것입니다. 총신대학교가 속한 합동 교단은 보수적인 개혁신학을 기초로 하고 있으므로 그 근간에 서서 설교하고 적용해야 하는데, 인공지능이 살피는 데이터 가운데는 개혁신학과는 상이한 것이 굉장히 많습니다. 이럴 때 처음부터 어떤 제한을 걸어서 결론을 도출하게 할 수 있을까요? 사실 어려울 것입니다. 주석을 비롯한 성경해석 자료들은 대개 어떤 신학에 근거하고 있지 않은 경우가 많고, 같은 신학적 방향을 가진 주석이라고 하더라도 특정 본문의 해석에 대해서는 다양한 입장을 드러내는 경우가 많기 때문입니다. 다시 말해, 구약과 신약을 연결하여 본문의 통전적 메시지를 구성해내는 작업은 해석자의 통찰 및 기본적인 신학성향이 투입되는 단계이기에 사실상 이는 해석자의 입장 및 사상과 분리해서 생각할 수 없는 인격적인 사유의 과정입니다. 따라서 인격을 지녔다고 보기 어려운 인공지능이 만들어낸 자료를 인격적 존재인 우리가 얼마나 신뢰할 수 있을 것인가에 대해서는 퀘스천 마크가 따라붙게 된다는 생각을 불식하기가 어려운 것입니다.

세 번째 단계는 앞선 내용들이 교리로 연결되고 해석자의 삶의 현장으로 적용되는 단계입니다. 교리로 연결될 때는 앞선 단계에서보다 더 신학적인 관점, 즉 해석자가 가지고 있는 사고와 삶의 틀과 결이 반영되기에 인공지능이 감당해 내기에는 매우 난해한 작업이 될 수밖에 없습니다. 한 걸음 더 나아가 생각해보면, 고대에 저술된 본문이 우리가 살아가는 현대에 어떤 메시지가 될 것인가 그리고 해석자 개인에게 어떤 적용점을 던져줄 수 있는가 하는 부분에서는, 인공지능이 해내야 하는 것이 단순한 자료 수집이나 해석의 옵션을 제안하는 정도를 넘어서서 해석자와 교회 성도들의 삶이 결부되기 시작합니다. 이것은 '인공지능이 어떻게 살아야 한다'가 아니라 '해석자 혹은 교회의 성도가 어떻게 살아야 한다'라는 문제이기에 해석자가 아닌 인공지능이 해석의 최종 결론을 도출할 수 없게 되는 것입니다. 즉 인공지능은 해석에 참여하는 주체가 될 수 없습니다. 그렇기에 해석 과정에서 인공지능의 역할은 한계가 클 수밖에 없습니다. 인공지능의 유용성 문제 자체는 중요하겠으나, 우리가 해석자의 입장에서 인공지능의 유용성을 어느 정도까지 어떤 디테일에서 어떤 앵글로 활용할 수 있을 것인가는 전혀 다른 문제입니다. 대략적으로 이러한 관점에서 인공지능이 성경해석 과정에 실제적으로 어떤 기여를 할 수 있을지를 조금이라도 구체적으로 규명해 보기 위해서 글을 썼습니다.

예, 감사합니다. 저는 마지막에 하신 말씀이 가장 핵심이라고 생각하는데, 말씀이 우리 삶 가운데 진짜 살아 역사하느냐를 규명하거나 보여주는 것은 인공지능이 절대 할 수 없는 것이기 때문에, 성경해석의 실제 관점에서는 인공지능의 유용성에 한계가 있다는 점에 적극 동의합니다.

이번에는 기독교교육 분야에서 인공지능의 활용 가능성에 대해 집필해주신 함영주 교수님께 여쭙겠습니다. 교육 분야에서는 다른 초점들이 있을 것 같은데, 저는 앞부분에 일반 교육에서 인공지능 교육의 흐름을 간단하게 소개하는 정도로 집필했습니다. 반면에 함 교수님께서는 기독교교육 관점에서 조금 자세한 활용 방안까지 제안을 해 주셨는데, 교수님이 집필하신 부분은 독자들이 어떻게 보는 것이 좋을까요?

함영주 | 저는 한마디로 이야기하면 '어떻게'에 초점을 맞춰서 글을 썼습니다. 사실 기독교교육에서 인공지능 활용은 아직까지 많지는 않습니다. 총론적인 차원에서 방향성이나 당위성과 관련된 부분은 굉장히 많은데, 구체적으로 인공지능이나 빅데이터, 사물인터넷 등을 실제로 어떻게 사용해야 하는가와 같은 부분은 아직까지 많지 않습니다. 그래서 저의 가장 큰 질문은 '인공지능을 신앙교육에 어떻게 써야 하는가'였습니다. 그런데 '어떻게'라는 문제를 논하기 위해서는 앞의 두 분 교수님께서 말씀하신 신학적 혹은 성경적 원리의 범위 안에서 우리가 이것을 어떻게 쓸 것인가를 논의해야 하기 때문에, 저의 첫 번째 과업은 통합을 어떻게 할 것인가였습니다. 그러니까 기본적으로 인공지능의 문제를 성경적으로 어떻게 통합할 것인가 하는 부분이 제 전반부의 내용이었습니다. 즉 전반부는 일종의 총론에 해당한다고 볼 수 있겠습니다. 후반부에서는 이것을 실제적으로 '어떻게 쓸 것인가' 하는 각론에 초점을 맞춰서 글을 전개했습니다. 특별히 잘파세대(Z세대 + 알파세대)라고 부르는 다음 세대 아이들은 디지털·AI 네이티브인데 이들을 가르치는 교사나 부모는 사실 디지털 네이티브가 아니라 디지털 이미그런트(이주민)입니다. 그렇기에 어떻게 이 아이들에게 가르칠 것인가를 고민하지 않거나 디지털 기기를

사용할 수 있는 능력이 없으면 인공지능을 기독교교육에서 활용하는 것은 거의 불가능합니다. 따라서 뒷부분에서는 '어떻게 사용할 것인가'에 초점을 맞추어 글을 전개했습니다. 일단 기독교교육은 학문적으로 보면 신학적 기반을 가지고 있고, 또 일반 교육학의 접근도 함께 하기 때문에 두 가지를 통합하는 것은 기본적으로 굉장히 중요하다고 봅니다.

현재 총론의 차원에서 보면, 학습자를 위한 인공지능 혹은 에듀테크가 많이 발달되어 있습니다. 예를 들면 스마트 기기를 사용하는 학습자는 상당수가 인공지능 기반 맞춤형 교육을 활용합니다. 이것은 인공지능을 기반으로 학습자 개인 데이터를 분석하여 더 나은 학습을 하게 하는 것이라고 할 수 있습니다. 또한 인공지능은 교수자에게도 도움을 주는데, 교육업무 자동화나 데이터 기반 학생 관리를 가능하게 합니다. 바로 이런 부분을 제 글 앞부분에서 다루었고, 후반부에는 이러한 것을 기독교교육에 어떻게 활용할 수 있을지에 대하여 다루었습니다.

앞서 말씀드린 대로 기독교교육에서 인공지능 자체를 활용하는 것은 사실 챗GPT나 코딩 같은 것을 제외하고는 많지 않습니다. 대신 저는 기독교교육에서 에듀테크 활용에 대하여 다섯 가지 영역으로 나눠서 설명했습니다. 바로 대화형, 참여형, 코딩 활동형, 시각화, 청각화입니다. 대화형의 경우는 챗GPT라든지 클로바X, 기독교 쪽에서 나온 초원 AI 같은 도구를 어떻게 성경공부에 활용할 것인가를 말씀드렸습니다. 참여형의 경우는 메타버스나 패들렛, VR/AR 기기를 활용하는 방법들을 언급했습니다. 최근에 국가 교육에서도 많이 강조하는 코딩은 스크래치나 엔트리, 그리고 어린 아이들을 위해서 새로 개발된 옥토스튜디오를 소개했습니다. 옥토스튜디오는 유아와 초등학생들이 스마트폰으로 코딩을 아주 쉽게 배울 수 있는 프로그램입니다. 저는 이런 도구들을 실제로 신앙교육에 활용하는 방안을 제시했습니다. 또한 시작 단계이긴 하지만 인공지능이 탑재된 로봇 같은 경우, 큐브 형태나 휴머노이드 형태의 로봇이 있는데, 이런 것들도 충분히 활용할 수 있다고 생각했습니다. 또한 로봇이나 피지컬 컴퓨팅에 쓰는 마이크로비트 같은 도구도 소개했습니다. 결론적으로 저는 이런 각각의 기술을 교회교육에서 실제로 활용할 수 있는 방법을 제시하는 것에 초점을 두고 집필했습니다.

예, 교수님, 감사합니다. 뒷부분에 전문 용어들이 나와서 조금 어려운데, 이 용어들은 다음에 설명할 기회가 있으면 좋겠습니다. 그럼 본격적으로 공통 질문에 대해서 답변을 자유롭게 돌아가면서 해주시면 좋을 것 같은데요. 연구 영역을 보면 신 교수님이 철학과 세계관, 김희석 교수님은 성경 연구, 성경의 관점을 가지고 계시고, 함 교수님께서는 기독교교육학, 저는 일반 컴퓨터 교육의 관점인데, 각 분야에서 AI의 영향 정도가 어떻습니까? 최근에 피부로 느끼는 사례들이 있으신가요? 예를 들면 인공지능이 교수님들의 연구 분야에 정말 많이 쓰이고 있다든지 하는 경험이 혹시 있으셨습니까?

신국원 | 얼마 전에 제가 이른바 '대형교회' 담임목회자님들을 돕고 있는 모임에서 챗GPT가 중요한 사안이라는 생각으로, 미국의 유명한 대학에서 이 분야를 연구하는 교수님과 미팅을 한 적이 있습니다. 한 시간 정도 진행했는데, 주로 미국의 각급 학교들과 대학교 교육에서 이 첨단 기술이 어떤 식으로 사용되고 있으며 앞으로 어떻게 될 것인지에 대해서 유익한 설명을 들었습니다. 이 교수님은 자기가 하고 싶은 얘기는 따로 있었던 것 같았습니다. 짧게 요약하면, 현재의 추세대로라면 결국 교육을 AI가 다 관장할 것이라고 주장하셨습니다. 이어서 문제는 현재 AI의 기반이 전혀 기독교적이지 않다는 것이라고 지적하시고는 이렇게 무신론적 AI와 동성애에 우호적인 AI에 우리 아이들을 맡길 수는 없지 않느냐고 역설하셨습니다. 그렇기 때문에 크리스천 AI가 필요하다는 주장이었습니다. 그리고 자신이 이 시스템을 구축하려고 하는데 상당한 규모의 재정을 지원해달라고 했습니다. 일부 목사님들은 공감하는 분위기였고요.

저는 그런 시스템 구축이 가능할지, 또 가능하다고 해도 실용적일지, 그리고 필요할지에 대한 생각이 들었습니다. 과연 이분이 말하는 크리스천 AI는 어떤 것인지 의문도 들었고요. 결국 크리스천이 안심하고 쓸 수 있는 AI를 따로 만들어야 한다는 얘기를 하시는 것이었습니다. 저는 기독교 문화나, 좀 더 좁혀서 기독교교육, 기독교 예술, 기독교 정치에 대한 이야기를 하는 편이라 그런 발상을 이해할 수 있었습니다. 그래서 크리스천 AI가 원론적으로는 불가능하다고 생각하지 않습니다. 하지만 거기에 딸린 여러 가지 조건들은 쉽지 않을 것이라는 생각이 들었습니다. 예를 들어 기독교의 범위를 어떻게 잡을 것인지부터 문제가 될 것입니다. 교파와 교리의 차이를 넘어서는 '크리스천 AI'는 실제 구현에서 풀어야 할 숙제가 엄청날 것이라고 생각합니다.

또 한 가지 사례로, 제가 젊은 목회자님들과 함께 책을 읽으며 진행하는 멘토링 모임이 있는데, 성경해석과 설교에 관한 내용을 나눈 적이 있습니다. 설교의 내용이 자꾸 흩어지고 가닥이 안 잡히는 문제를 어떻게 해야 하느냐는 질문을 놓고 긴 토론이 한 시간가량이나 진행되었습니다. 앞선 모임에서 인문학적 소양이 설교 작성에 도움이 된다는 것을 다룬 적이 있어서인지 한 분이 제게 해석학과 내러티브 구조에 대한 통찰을 주로 물어왔습니다. 제가 이야기를 쭉 듣다가 설교의 맥이 잘 안 잡히는 것은 주로 '신학의 문제'라고 했더니 다들 놀라더군요. 저는 이 문제를 아주 분명히 말할 수 있었습니다. 물론 인문학적 훈련과 해석학이 도움은 됩니다. 하지만 설교가 꼬이는 것은 사실 신학적 교리가 몸에 배어 있지 않기 때문인 경우가 대부분입니다. 저희 같은 경우에 개혁주의 신학이 익숙하지 않은 상태에서 교리를 설교에다 억지로 집어넣으려고 하기 때문에 나타나는 현상입니다. 아까 김희석 교수님이 신앙 인격이 교육되어야 한다고 하셨는데, 그것이 안 된 상태에서 짜맞추다 보니 설교가 어그러지는 것입니다. 이것이 수학 문제 푸는 것과 비슷해서 어디가 꼬여서 잘 안 풀린다면 분명히 틀린 데가 있는 것입니다. 근간이 되는 신학이 꼬여 있으니 설교도 꼬이는 겁니다. 이런 문제는 인공지능이 도와줄 수 있는 부분이 아닙니다. 신앙 인격과 신학 훈련이 잘되어 있어야 AI도 제대로 활용할 수 있습니다.

그런 사례가 있으셨군요. 교수님 이야기를 듣다 보니, 결국 챗GPT에 기대고 싶은 마음도 사실은 기능적인 부분 혹은 수사적인 부분이라는 생각이 듭니다. 말을 예쁘게 만든다거나, 아니면 빈약한 논리를 조금 더 탄탄하게 만든다거나 하는 것이죠. 그런데 교수님 말씀을 들으니, 본질적인 부분이 밑바탕이 되어 있으면 판단도 할 수 있고 자유롭게 쓸 수 있는데 그게 안 되어 있다 보니 자꾸 다른 것에 기대는 느낌이 듭니다.

신국원 | 맞습니다. 김희석 교수님 말씀처럼 설교 준비 과정에서 AI를 활용하여 필요한 자료를 추출하고, 써놓은 설교를 다듬는 일에 기능적인 도움은 얼마든지 받을 수 있습니다. 하지만 문제는 질문을 제대로 못 한다는 것입니다. 그러니까 자료가 제대로 모일 리가 없고 가닥이 안 잡힌 설교를 기계가 정리해 주는 것은 한계가 있을 수밖에 없습니다. 교리적 정확성을 기대하기는 더욱 어렵고요. 적어도 지금은 이런 부분을 AI가 결코 도와줄 수 없고, 앞으로도 어려울 것이라고 생각합니다.

다른 맥락에서 카이스트 교수님과 이야기를 나눈 적이 있는데 그분도 그런 얘기를 하셨습니다. 본인은 학생들에게 AI를 과제 수행에 사용하도록 권한다고요. 컴퓨팅 사이언스 쪽의 얘기인데, 김 교수님이 하실 이야기이겠습니다마는, 코딩 영역에서는 정확성도 엄청 높다고 하셨습니다. 그럼에도 불구하고 결국 학생들을 시켜보면 다른 거 잘하는 학생이 그것도 잘하고 다른 거 못하는 학생은 AI를 쓰면 더 엉망으로 만들어 온다는 것입니다. 마찬가지로 목회자나 기독교교육에서 기본은 신앙 체험과 신앙의 기초가 되는 신학 아니겠습니까? 신앙적 성숙과 신학적 훈련이 제대로 되어 있지 않은 상태에서 고급 기술을 쓰면 머리만 복잡할 것 같아요.

저는 학생들에게 설교 훈련이 잘되어 있지 못한 사람이 주석을 열심히 뒤져 애를 쓸수록 복잡해지기만 한다고 주의를 주곤 합니다. 저도 설교 준비를 엄청 열심히 했는데 완전히 죽쓰는 날이 있습니다. 설교 준비를 하지 않았으면 몰라도, 죽도록 준비했는데 설교는 안되고…. 왜 이런 문제가 생길까요? 이것은 바로 지혜의 문제입니다. 앎에 있어 정보가 가장 최소 단위라면, 그 위에 지식이 있고 지혜는 그 위에 있으며 진리가 최고봉이라고 생각합니다. 이렇게 4차원으로 움직여야 되는 것이죠. 그런데 정보만 가지고 모든 것을 해결하려 한다면 어떻게 될까요? 그것도 꿰어지지 않는 정보만 가지고 모든 것을 하려고 하면 당연히 문제가 생깁니다. 저는 이럴 때 특별히 김희석 교수님이 말씀하신 대로 신학과 신앙의 기초가 먼저 강조되고 인공지능은 도구로 잘 사용하는 것을 기본 방향으로 잡는 것이 필요하다고 생각합니다.

예, 본질에 대한 문제가 계속 고민되기는 하는데, 지금 거의 모든 분야에서 일어나고 있는 상황이라고 봅니다. 이어서 김희석 교수님, 설교하시는 분들은 지금 분위기가 어떤가요? 제가 듣기로는 챗GPT로 설교 만드는 세미나를 한다는 얘기도 들리던데요.

김희석 | 제가 직접 가보지는 않았습니다만, 설교자를 위한 다양한 세미나가 실제로 열리고 있다고 알고 있습니다. 현장에서 목회하시는 목사님들은 이런 세미나를 좋아하실 가능성이 높습니다. 설교에 직접적으로 활용할 수 있는 자료를 인공지능으로부터 바로 얻을 수 있기 때문입니다. 인공지능에게 설교본문을 주면서 어떤 특정 대상을 위한 적용 메시지까지 도출하라고 하면 인공지능은 원하는 결과를 내줄 것입니다. 설교 초안이 바로 나오는 것이지요. 그러니까 아주 편리하다고 생각할 수 있을 것입니다. 그러나 편리한 만큼 또 위험하기도 한 것이 분명합니다. 이 부분에 대해서는 신 교수님께서 이미 충분히 말씀해 주셨고 저도 앞에서 얘기한 부분입니다. 인공지능을 아예 쓰지 말자고 하기는 어렵겠지만, 어떤 부분에서는 어떻게 쓰는 게 좋겠다, 또 어떤 부분에서는 활용하지 않도록 하자는 등 구체적인 가이드라인을 제시하는 것이 필요합니다. 저는 자료 데이터를 뽑는 단계에서는 활용할 수 있으나 교리와 연결하거나 청중을 위해 메시지화하거나 구체

적으로 적용을 시도하는 부분에서는 활용하면 안 된다고 생각합니다. 후자에 해당하는 부분은 설교자가 기도하면서 결정해야 할 인격적인 과정이기에 인공지능에 이 부분까지 맡기는 것은 사실상 설교자로서의 정체성을 포기하는 것이라고 생각됩니다.

사실 그 부분이 교육계에서도 지금 이슈가 되고 있습니다. 저는 며칠 전 교사들을 대상으로 강의를 하고 왔는데요, 현재 인공지능이 텍스트도 어느 정도 평가를 해줍니다. 평가 루브릭을 입력하면 인공지능이 사람이 쓴 글을 평가해준다는 말이지요. 그러면 과연 인공지능에게 평가를 맡길 것인가, 아니면 평가라는 것이 교수자의 고유 영역이고 전문성이니 인공지능을 사용하지 않을 것인가, 혹시 사용한다면 어느 정도 도움을 받을 것인가, 이런 것들을 지금 치열하게 고민하고 있는 상황입니다. 그래서 아마 설교학이나 신학 쪽에서도 어디까지 도움을 받을 수 있는 것인가에 대한 연구가 필요한 것 같습니다. 함 교수님은 어떻습니까? 기독교교육 쪽에서도 이런 논문을 쓰시는 분들이 계시지 않나요? 지금 현재 연구 상황은 어떻습니까?

함영주 | 기독교교육 영역에서는 인공지능을 사용할 것인가 말 것인가에 대한 논의는 어느 정도 지나간 것 같고, 지금은 어떻게 쓸 것인가 하는 부분으로 논문을 많이 쓰는 것 같습니다. 그중 하나가 에듀테크 같은 것인데요. 저도 인공지능이 신앙 교육의 대안재가 아닌 보조재라고 생각합니다. 우리가

계속 이야기한 것처럼 인공지능을 어디까지 어떻게 쓸 것인가 하는 부분은 결국 그 사람이 갖고 있는 신학이나 신앙적 전제와 프레임, 즉 기독교 세계관이 있어야 결정할 수 있다고 봅니다. 제가 지도했던 박사과정 학생이 있는데요, 이 친구가 쓴 논문의 핵심이 과학기술 활용에서 경계와 관계를 지키자는 것이었습니다. 경계가 무너지면 관계도 깨진다는 것이지요. 인공지능과 사람, 하나님과 인간도 마찬가지입니다. 에덴동산에서 경계가 무너졌기 때문에 관계가 깨진 것처럼 인공지능과 사람도 똑같다고 생각합니다. 그래서 이 경계를 어떻게 잘 유지하느냐, 이것이 결국은 신학과 성경과 기독교 세계관이 해주어야 할 일입니다. 이런 면에서 인공지능은 대안재가 될 수 없고, 따라서 보조적 차원에서 기능적으로 어떻게 쓸 것인가 하는 쪽으로 앞으로 연구가 이루어져야 한다고 봅니다. 그러니까 원론적인 부분은 신학이나 기독교 철학 쪽에서 많이 다루어주면 좋을 것 같습니다.

시간이 가긴 했지만 중요한 질문을 하나 드리려고 하는데요, 자유롭게 돌아가면서 답변해 주시면 감사하겠습니다.

AI 발전 단계를 나누는 건 알고 계시죠? 지금이 알파고로 대변되는 약 인공지능 시대라고 하면, 다음 단계는 범용 인공지능이라고 합니다. 한 단계 더 나아가 슈퍼 인공지능을 주장하는 학자들도 있는데, 결국 인간을 뛰어넘는 인공지능 곧 컴퓨터가 컴퓨터임을 자각하는 단계가 올 것이라는 주장입니다. 우리에게 익숙한 영화 <매트릭스>나 <터미네이터>

의 배경이 바로 컴퓨터가 자각하면서부터 인간이라는 존재를 배척하게 되는 상황입니다. 학자들마다 의견이 분분한데 교수님들은 어떻게 생각하십니까? 강 인공지능 시대가 올까요?

신국원 | 김 교수님이 답을 주시는 게 좋지 않을까요?

컴퓨터가 컴퓨터라는 것을 자각한다는 것은 인식이라는 게 생기는 것입니다. 다른 말로 하면 자아를 느낀다고 볼 수 있는데, 현재 제 신앙의 고백으로는 강 인공지능을 하나님께서 허용하실까 하는 의문이 듭니다. 하나님이 인간을 만드셨고, 그 인간이 만든 존재인 인공지능이 하나님과 인간과 자기의 관계를 인식하기 시작하게 된다는 것이 강 인공지능입니다. 그런데 과연 그것이 성경적으로 가능한 것일까 하는 생각이 드는데요, 제가 배운 장로교단 교리 안에서는 불가능하다고 생각되는데, 신학자 입장에서는 어떤지 궁금합니다.

신국원 | 그것 때문에 지금 사실 고민하는 거 아니에요?

예, 맞습니다. 인공지능계에 사대천왕이라고 불리는 사람들이 있는데, 요수아 벤지오, 앤드류 응, 얀 르쿤, 제프리 힌튼입니다. 이분들도 찬반론이 분분합니다. 저는 이것이 결국은 철학의 문제라고 생각합니다. 인공지능이 인간을 흉내 낼 수는 있지요. 그런데 자기가 컴퓨터라는 것을 인식하고 사고하는 것은 하나님께서 우리 인간에게만 허락하신 영혼을 불어넣은 것과 같은데, 그것이 가능하겠느냐는 거죠.

신국원 | 몸도 인간의 중요한 부분임을 잊지 않아야 합니다. 정신이 없는 몸은 시신이지만 몸이 없는 영혼은 귀신입니다. 정신도 굉장히 중요한 기능이지만 사실 정신은 두뇌를 비롯한 육체적 기능과 분리되어 따로 존재하는 것이 아니라고 생각합니다. 그렇기에 몸이 피곤하면 생각도 제대로 못 하게 됩니다. 반대로 화가 나면 위장이 쓰리고 열이 뻗치죠. 따라서 저는 영혼은 우리 몸과 정신적 기능을 포함한 우리 전인격적 존재로 창조주 하나님과 맺는 관계성이라고 보는 입장입니다. AI가 그런 전인격적 관계성까지 갖게 될지는 의문이고요. 관계의 가장 기본을 함 교수님이 뭐라고 표현하셨죠?

함영주 | 경계요.

신국원 | 예, 그렇죠. 창조주와 피조물 사이의 경계를 존중하는 것이 인간됨의 기초입니다. 하나님이 창조주이심을 의식하며 경외하는 존재가 인간의 본연입니다. 그것을 넘어가기 시작하는 것이 타락과 죄의 문제입니다. 이는 기독교 세계관의 핵심적 통찰입니다. 타락은 하나님과의 관계가 깨어진 것입니다. 기계가 만약에 그런 자율성 내지는 자의식을 갖추었을 때 경계를 존중할까요? 존중하지 않을 것이고 그저 기계적으로 판단할 것입니다. 그러면 지금 다들 걱정하는 대로, 기계적으로 판단할 때 "유토피아의 가장 큰 장애물이 인간이다, 그래서 인간을 제거한다"라는 식의 시나리오가 나오는 것이 아닌가요?

예, 맞습니다. 이 지구 생태계에서 가장 비효율적이고 비생산적인 존재가 인간이고, 지구 생태계를 파괴하는 주범도 인간이라고 판단하겠죠.

신국원 | 그래서 강 인공지능이 가능한지 아닌지의 문제가 아니고, 가능하면 안 되는 것입니다. 제가 생각하기에 신앙적인 차원은 둘째로 하더라도 인간의 생존에 가장 큰 위협이 되기 때문입니다. 이 정도는 예수님을 믿지 않는 사람들도 다 알고 있는 건데, 그래도 해야 된다고 생각하는 사람은 그 논리를 다시 성찰해 봐야 한다고 생각합니다.

그런데 교수님, 우리 인간이 인공지능을 만들었는데, 인공지능이 어떻게 그런 능력이 생겼는지 아직 규명을 못 합니다. 그래서 인공지능 연구자들은 그 영역을 블랙박스라고 이야기합니다. 최근에는 설명 가능한 (Explainable; XAI) 인공지능을 만들자는 운동이 일어나고 있습니다. 연구자도 많아졌고요. 그럼에도 불구하고 챗GPT도 유추 기능이나 예측 기능이 어떻게 생겨났는지 명확하게 규명하지 못합니다. 이렇게 계속 개발하다 보면 흉내를 내든지 뭘 하든지 간에 자기가 컴퓨터라는 것을 인간이 의도하든 의도하지 않든 어느 순간 인식하게 될 가능성이 높다는 것이 일부 컴퓨터 과학자들의 주장입니다. 그런데 목사님들은 그렇지 않을 것이라고 생각하시는 거죠?

신국원 | 인공지능을 지금 블랙박스라고 얘기하듯이 그 속에서 무엇이 일어나는지 아무도 정확하게 알지 못하는 상태

입니다. 그런데 이 기술이 결국 발전해서 인간과 똑같은 판단 능력과 자유 의지를 근접하게 흉내 낼 수 있게 될 것이라는 것이죠? 핵폭탄을 개발한 맨해튼 프로젝트의 최종 단계에서 스위치를 누르면 연쇄 작용으로 지구 전체가 멸망할 수 있다는 주장을 제기한 사람이 있었다고 합니다. 그런데도 결국은 스위치를 누르지 않았습니까? 인공지능도 마찬가지입니다. 그렇게 안 되면 좋겠지만 그럴 가능성이 상당히 높습니다. 지금도 사람들에게 위협을 느끼게 하는 부분이 있는데도 계속 개발하잖아요. 결국 강 인공지능의 개발을 막을 수 있는 논리와 왜 그렇게 해야 하는지에 대한 노력을 계속 기울여야 하는 것 같습니다. 기독교적으로는 이유와 목적을 성찰할 때, 중요한 기준이 하나 있습니다. 예를 들어 누가 문화 이야기를 하면서 뭐가 좋은 문화이고 뭐가 나쁜 문화인지, 또 뭐가 좋은 기독교 문화인지 물으면 저의 기준은 딱 하나입니다. 속되게 표현하자면, '이것이 살자는 짓이냐, 죽자는 짓이냐'를 따지는 것입니다. 성경적으로 표현하면 창세기 1장 28절의 "생육하고 번성하라"는 문화명령, 즉 땅을 정복하고 다스리라는 창조주 하나님의 창조명령에 부합하느냐 여부입니다. 생육과 번성이 영어로 플러리싱(flourishing)인데 창조주 하나님의 의도대로 생명이 차고 넘치며 번영으로 나아가는 것입니다. 이를 위해서 우리 인간이 해야 하는 것은 2장 15절에서 말씀하는 '가꾸고 돌봄' 즉 케어링(caring)입니다. 나쁜 문화란 죽는 문화입니다. 도박, 마약은 굉장히 짜릿하지만 결국 죽음을 가져옵니다. 음란 문화도 관계와 가정의 파괴, 자기 파괴로 귀결됩니다. 그런 기준으로 생각하면 인공지능을 어떻게 활용할 것인가 하는 첫 번째 질문은 이 기술이 우리 인간을 살릴 것인지 죽일 것인지를 따지는 것에서 시작되어야 할 것입니다.

인공지능도 문화의 한 부분이므로 창조 명령인 생육하고 번성하고 땅을 정복하고 다스리되 돌보고 가꾸는 방식으로 발전해야 합니다. 문화 명령은 다스림과 더불어 돌봄과 가꿈이 같이 가야 하는데, 현재 개발자들은 상당히 공격적입니다. 할 수 있는 건 다 해보려고 합니다. 그런데 오히려 인문학자나 신학자는 다른 측면에서 접근하여 가꾸고 돌보는 쪽을 더 강조해야 한다고 생각합니다.

예, 감사합니다. 마지막으로 김희석 교수님께 질문 하나 드리겠습니다. 대담이 오가는 가운데서 저는 답을 얻었습니다만, 성경을 해석할 때 자료 수집에서는 인공지능을 이용해도 된다고 하셨고, 교리에 대한 부분이나 어떤 메시지를 뽑아낼지에 대해서는 결국 목회자의 삶으로 실천되지 않은 상태에서 기계적으로 설교문을 뽑아내는 것은 의미가 없다고 얘기해 주셨습니다. 한 가지 의문은 인공지능이 성경해석에서 잘못된 답을 주었을 때 그것을 판별할 수 있는 능력은 목사님들 개인에게 있는 건가요? 예를 들어 어느 정도 신학이나 성경 해석학을 배우게 되면 그런 정통적인 해석을 할 수 있는 능력이 목사님에게 생기는 건가요?

김희석 | 아까 말씀드렸던 것처럼, 성경해석을 크게 세 단계

로 나눌 때의 첫 단계에서 저는 신학생들에게 이렇게 이야기합니다. "이 부분은 너희가 생각해서 창의적으로 얻어낼 수 있는 것이 전혀 아니고 책을 보고 자료를 얻어내야 나오는 것이다." 즉 어느 정도의 객관화된 데이터인 것이지요. 헬라어나 히브리어를 한국말로 번역하는 것은 어느 정도 이미 합의가 이루어진 범주가 존재하기 때문에, 해석자가 기본 지식이 있다면 인공지능이 정리해준 결과를 보고 잘못된 부분을 잡아낼 수 있습니다. 역사적 배경, 단어 연구, 글의 장르에서도 인공지능의 오류를 잡아낼 수 있습니다. 그러나 두 번째, 세 번째 단계에서 즉 해석자의 인격이 개입되는 부분에서 인공지능이 도출할 결과에 오류가 있다고 볼 수 있느냐의 여부는 차원이 다른 문제입니다. 그것은 오류의 문제라기보다는 인격과 삶의 문제이기 때문입니다. 정리하면, 해석의 첫 번째 단계에서는 기본적 신학 지식을 가지고 있는 사람이라면 인공지능의 오류를 어느 정도 잡아낼 수 있을 것이라고 생각합니다.

그렇다면 명확히 구분되겠네요. "자료 데이터 부분은 인공지능에게 맡겨도 되고, 사람은 그것을 지식적으로 판별할 수 있는 능력이 있으면 된다. 하지만 교리와 메시지는 인공지능이 대체할 수 없는 목회자의 전문 영역이다. 이것은 인공지능에게 맡길 수 없으니 이 부분에서는 더욱 전문성을 길러야 한다." 이런 메시지가 되네요.

김희석 | 네, 그게 핵심이지요.

이제 마지막으로 혹시 독자들에게 당부하고 싶은 말씀들이 있으시면 짧게 해주시면 좋겠습니다.

함영주 | 일단 선언적 차원에서 기독교적 윤리 강령이 하나 필요할 것 같고요, 그다음으로 실질적인 차원에서 디지털·AI 리터러시에 대한 교육을 어떤 방식으로든 해야 한다고 생각합니다. 그래서 사실 김 교수님께 질문을 하려고 했는데요, 제가 기독교교육에서 인공지능을 어떻게 쓸 것인가에 대해 교사 교육을 몇 번 했는데 의외로 관심도 없고 잘 모르더라고요. 그러다 보니 매스컴이나 일반 교육에서 알려주는 그대로 그냥 수용할 수밖에 없는 상황이었습니다. 기독교 측면에서 AI 리터러시 교육을 어떻게 하는 것이 좋을까 고민되지 않을 수 없었습니다. 이러한 교육을 하려면 교육 과정도 개발해야 하고 교재도 필요할 것입니다. 이런 시도가 매우 중요한 것이, 실질적 차원에서 이제 다음 세대 학생들이 인공지능 개발자가 될 텐데, 기독교적 관점에서 AI 리터러시 교육을 받은 아이들이 인공지능 개발자가 되는 것이 필요하기 때문입니다. 정말 건강한 인공지능을 만들고 활용할 수 있는 크리스천 인재들을 양성하는 것이 중요한 것이지요. 사실 우리가 쓴 글을 잘 엮으면 AI 리터러시 내용이 됩니다. 인공지능 교육, 기독교 세계관의 접근, 인공지능 성경해석, 인공지능 활용 등의 내용으로 구성되어 있어서 이 내용을 요약하면 핸드북처럼 만들 수 있다고 봅니다. 그래서 이 책을 토대로 기독교 AI 리터러시

교육의 기반을 만들면 어떨까 생각합니다.

　세 분 교수님, 장시간 책 내용에 대해서 설명해 주시고 대담해 주셔서 감사합니다. 모쪼록 교수님들의 의도가 독자들에게 잘 전달되어서 기독교인으로서 인공지능 시대를 지혜롭게 살아가는 자세를 갖추게 되기를 기대합니다. 감사합니다.

"그러므로 형제들아 내가 하나님의 모든 자비하심으로 너희를 권하노니 너희 몸을 하나님이 기뻐하시는 거룩한 산 제물로 드리라 이는 너희가 드릴 영적 예배니라. 너희는 이 세대를 본받지 말고 오직 마음을 새롭게 함으로 변화를 받아 하나님의 선하시고 기뻐하시고 온전하신 뜻이 무엇인지 분별하도록 하라." (롬 12:1-2)

[그림] Shutterstock AI 그림

기독교인을 위한
생성형 AI 활용 대원칙

▎사용 목적과 이유를 확인한다
* 하나님께서 우리에게 부여하신 문화명령과 복음전파의 사명을 수행하는 데 적합한지 확인한다.
* 개인의 영적 성장과 교회의 덕을 세우는 데 유익한지 확인한다.

▎어디에, 어떻게 사용할 것인지 결정한다
* 성경과 진리에 기초하여 하나님과의 관계와 경계를 훼손하지 않는 범위에서 사용한다.
* 교회 운영, 교회학교 교육, 설교 작성 등에 활용할 수 있으나 사용범위 결정은 개인이 주체가 되어 스스로 한다.

▎올바른 사용법을 익히고 스스로 책임진다
* 인공지능에 대한 리터러시를 함양하고 올바른 사용법을 실천한다.
* 생성형 AI를 이용하여 만든 산출물과 사용에 대한 책임은 스스로 진다.

미주

1장

1 1950년 다트머스 학술대회에서 존 매카시(John Mecathy)가 인간의 지적 능력을 흉내 낸 지능을 연구하는 분야를 인공지능(Artificial Intelligence)으로 부르자고 제안한 것에서 인공지능이라는 단어가 시작되었다.
2 교육부(2020). "인공지능시대 교육정책방향과 핵심과제".
3 이세돌 사범 은퇴 관련 기사 https://news.mt.co.kr/mtview.php?no=2019121907105241367
4 이세돌 사범 인터뷰 기사 https://www.hankookilbo.com/News/Read/201911271141024223
5 김진형, 『AI 최강의 수업』, 33.
6 유튜브 설명 영상 https://www.youtube.com/watch?v=rnIgnS8Susg
7 교육부 보도자료
8 https://reverie.herokuapp.com/arXiv_Demo/, 논문 리뷰 블로그 https://m.blog.naver.com/dlwoduq234/223090404339
9 https://www.hani.co.kr/arti/science/technology/1045606.html
10 "The Dangers of Probabilistic Parrots: Can Language Models Be Too Big?"에서 만들었다. Bender, Timnit Gebreu, Angelina McMillan-Major 및 Margaret Mitchell 작성.
11 https://www.youtube.com/watch?v=gznn9k4X0SE&t=132s
12 Denning, P. J. & Tedre, M. (2019). Computational Thinking. MIT Press.
13 중력파 관련 기사 https://m.dongascience.com/news.php?idx=29044
14 관련 기사 http://www.medipharmhealth.co.kr/news/article.html?no=62856
15 https://www.sramanamitra.com/2017/07/05/man-and-superman-life-near-an-approaching-technology-singularity/
16 임준섭. (2022). "포스트휴머니즘의 전략과 기독교의 대응 : 경계와 관계의 인간학". 기독교문서선교회.
17 유전자 가위로 질병 치료 기사. https://www.hani.co.kr/arti/science/science_general/1116973.html
18 https://www.youtube.com/watch?v=CDsNZJTWw0w
19 올트만 해고 관련 기사 https://www.sisain.co.kr/news/articleView.html?

idxno=51652
20 관련 보고서 https://now.k2base.re.kr/portal/trend/mainTrend/view.do?po liTrndId=TRND0000000000032394&menuNo=200004&pageIndex
21 인공지능 일자리 영향 https://www.hani.co.kr/arti/economy/economy_general/1124605.html
22 https://www.acc.go.kr/webzine/index.do?article=834&lang=
23 관련 기사 https://m.economidaily.com/amp/20240209192949940
24 인공지능 저작권 논란 중앙일보 기사. https://www.joongang.co.kr/article/25182627#home
25 "인공지능 '4대 거물'의 엇갈린 걸음" 한겨레 기사. https://www.hani.co.kr/arti/opinion/column/1090437.html
26 미국의 백악관 보고서 "인공지능, 자동화 그리고 경제" (2016. 12).
27 https://ko.wikipedia.org/wiki/ELIZA#/media/%ED%8C%8C%EC%9D%BC:ELIZA_conversation.jpg
28 Unesco. (2023). ChatGPT and Artificial Intelligence in higher education: Quick start guide. https://www.iesalc.unesco.org/wp-content/uploads/2023/04/ChatGPT-and-Artificial-Intelligence-in-higher-education-Quick-Start-guide_EN_FINAL.pdf
29 김수환. (2023). "생성형 AI를 활용한 학습자 중심 수업 가능성 탐색". 「총신논총」 88.
30 http://teen.mk.co.kr/economy/economy01_01_view.php?c1=&c2=&c3=15&idx=562
31 https://chatgpt.skku.edu/chatgpt/index.do
32 이세영(2023). "ChatGPT 리터러시 척도와 AI 활용능력 평가". 「성균관대학교 제23차 대학교육혁신 워크샵 자료집」.
33 닐 포스트먼. (2005). 「테크노 폴리」. 김균 역. 궁리.

2장

34 Quentin J. Schultze, *High-Tech Worship? Using Presentational Technologies*

Wisely (Grand Rapids: Baker Books, 2005), 42. 박성창 역,『하이테크 예배』
　　　(서울: IVP, 2006), 56.
35　Marshall McLuhan, *Understanding Media: The Extensions of Man* (New York: McGraw Hill Book, 1964), 114. 김성기, 이한우 역,『미디어의 이해』(서울: 민음사, 2019).
36　Craig Detweiler, 황영헌, 황동규 역,『아이갓: IT기술이 그리스도인의 삶에 끼치는 영향』(서울: 아바서원, 2014), 35.
37　Graham Houston, *Virtual Morality: Christian Ethics in the Computer Age* (Leicester: Apollos, 1998), 15-16. "분산된 자아는 시뮬레이션 시대의 특징입니다."
38　INFOethics'98, UNESCO, http://www.unesco.org/ webworld/ inforethics-2/eng/themes.htm.
39　하이퍼링크는 원칙이나 우선순위를 무시한 채 느슨하게 관련 영역을 연결한다. 계층적 순서보다는 끝없는 연결이 원칙이다. 소스도 하나가 아닌 여러 개가 존재한다. 인공지능이 발전하면서 하이퍼링크는 능동적인 '하이퍼리드'(hyperlead)로 발전되었다. 축적된 빅데이터에 기초해 사용자의 취향과 의도를 파악하여 원하는 정보와 세상으로 이끌어가는 것을 말한다.
40　David Lyon, *Jesus in Disneyland: Religion in Postmodern Times* (Cambridge: Polity Press, 2000), 68-69.
41　달라스 윌라드,『마음의 혁신』(서울: 복있는사람, 2003), 53-62.
42　Josina M. Makau and Ronald C. Arnett, eds. *Communication Ethics in An Age of Diversity* (Urbana and Chicago: University of Illinois Press, 1997), "Preface," x-xi.
43　J.-F. Lyotard, *The Postmodern Condition*, 3-5, 37.
44　Jean-François Lyotard, *The Postmodern Condition: A Report on Knowledge* (Minneapolis: University of Minnesota Press, 1984), xxiv.『포스트모던의 조건』(서울: 민음사, 1992).
45　D. Lyon, Jesus in Disneyland, 38. 이 주장은 카스텔스의 방대한 연구에 기초를 둡니다. 참고. Manuel Castells, *The Information Age* (in three volumes), (Oxford: Blackwell, 1996, 1997, 1998).
46　David Lyon, *Jesus in Disneyland*, 67.

47 Neil Postman, *Technopoly: The Surrender of Culture to Technology* (New York: Vintage Books, 1993), 5, 111. 김균 역, 『테크노폴리: 기술에 정복당한 오늘의 문화』(서울: 궁리출판, 2005), cf. xii. 포스트만은 기술을 '친구이자 적'으로 규정한다.
48 Charles J. Chaput, "Fools with Tools Are Still Fools," *Nuntium* (June 1998), www.archden.org/ archbishop/docs/fllolswithtolls.htm (26 October 2001).
49 Neil Postman, *Technopoly*, 120-122.
50 Clifford G. Christians, "Social Ethics and Mass Media Practice," in Josina Makau & Ronald C. Arnett, eds., *Communication Ethics in An Age of Diversity* (Urbana: University of Illinois Press, 1997), 197.
51 Richard L. Johannesen, "Diversity, Freedom, and Responsibility in Tension," in *Communication Ethics in An Age of Diversity*, 177-180.
52 Graham Houston, *Virtual Morality*, 26-31.
53 Ian G. Barbour, *Ethics in An Age of Technology: The Gifford Lectures, 1989-1991*, Volume 2 (New York: Haper San Francisco, 1993), 261.
54 에그버트 스휴르만, 최용준, 손화철 역, 『기술의 불안한 미래』(서울: 비아토르, 2019).
55 Marshall McLuhan, *Understanding Media*, 23-35. Marshall McLuhan and Quentin Fiore, *The Medium is the Massage: An Inventory of Effects* (New York: Bantam Book, 1967). 『미디어는 맛사지다』(서울: 커뮤니케이션북스, 2001).
56 스티브 윌킨스, 마크 L. 샌포드, 안종희 역 『은밀한 세계관: 우리를 조종하는 8가지 이야기』(서울: IVP, 2013),
57 Ben Sasse, *Them: Why We Hate Each Other and How to Heal* (New York: St. Martin's Griffin, 2018), 196.
58 Craig Detweiler, 『아이갓』, 79.
59 Nick Bilton, "Steve Jobs Was a Low-Tech Parent," *New York Times*, September 11, 2014, www.nytimes.com/2014/09/11/fashion/steve-jobs-apple-was-a-low-tech-parent.html.
60 마코토 후지무라, 백지윤 역, 『컬처 케어: 공동의 번영을 위한 아름다움의 비

전』(서울: IVP, 2020), 50.
61 마코토 후지무라, 『컬처 케어』, 54.
62 Quentin J. Schultze, Habits of the *High-Tech Heart: Living Virtuously in the Information Age* (Grand Rapids: Baker Academic, 2002), 72.

3장

63 물론 우리는 성경의 궁극적인 저자가 하나님이시라고 믿고 고백한다. 개혁신학에서는 성경의 저자가 누구인가라는 문제에 대해 '이중 저자설'의 입장에서 대답한다. 여러 인간 저자들이 성경 66권을 저술하였는데, 그 모든 저술 과정 가운데 성령의 감동하심이 있었기 때문에 궁극적인 성경의 저자는 하나님이심을 믿는 것이다. 하나님께서 저자이시며, 동시에 하나님께서 사용하신 인간 저자들이 있다는 의미에서 '이중저자설'이라고 부른다.
64 김규섭은 성경 연구에서 챗GPT의 활용성에 대하여 챗GPT가 내어놓는 결과물은 '짜집기 주석'의 결과 정도와 같아서 매우 조심해서 사용해야 한다고 평가한다. 주석과 참고도서가 없는 상황에서 짜집기 주석이 어느 정도의 도움을 해석자들에게 준 것처럼 챗GPT의 결과물도 제한적인 범주 안에서 사용될 수 있다는 의견으로 보인다. 김규섭, "챗GPT는 성경을 연구할 수 있는가," 『챗GPT 목사님』 김규섭 et al. (서울: 플힘, 2023): 185-98.
65 필자는 이 8단계를 개혁주의 해석에 있어서 '주해의 8단계'라고 이해한다. 주해를 하기 위해 여러 단계가 필요하며, 학자에 따라 그 단계들을 다르게 표현하기도 하는데, 필자는 그 과정을 8단계로 정리하였다. 이 단계들의 순서 및 내용은 우리가 따르는 개혁신학 및 언약신학적 주해 요소를 모두 포괄적이고도 실제적으로 고려하여 도출되었다.
66 김기석은 인공지능이 신의 본질을 이해하는 수준에까지 이르지 못할 것이기에 종교적 기능을 감당하기 어려울 것이라고 판단한다. 다만 그는 인공지능이 만약 신의 본질을 이해하는 데까지 발전하여 인격적인 수준에 도달한다면 문제는 달라질 수 있다고 조심스럽게 문을 열어놓고 있다. 필자는 김기석의 의견에 전반적으로 동의하지만, 인공지능이 인격적인 수준에 이르기까지 도달하는 것 자체가 불가능하다고 보는 데서 의견의 차이가 있다. 인격

적 수준이란 기능의 문제가 아니라 신과의 관계의 문제라고 생각하기 때문이다. 다시 말해, 인격체 됨이란 사람의 인격과 같은 기능을 지녔느냐의 여부로 판단되는 것이 아니며, 신에 의해서 신의 성품을 닮은 존재로 창조된 인간에게만 해당하는(창 1:26-28) 존재론적 정체성에 따라 결정되는 문제라고 생각한다. 김기석, "인공지능과 기독교" 『인공지능과 기독교 신앙』, 한국교회탐구센터 편저 (서울: IVP, 2017): 129-152.

4장

67 홍정민, 『에듀테크의 미래』 (서울: 책밥, 2021), 5.
68 홍정민, 『에듀테크의 미래』 (서울: 책밥, 2021), 84-173.
69 이동국, 이은상, 이봉규, 김성종, 강동우, 김두일, 이은주, 『인공지능 활용교육』 (서울: 테크빌, 2023), 4.
70 교육부,
71 서울특별시교육청, "교원을 위한 인공지능 첫걸음," (2023), 16.
72 전수진, 이주강, 최희원, 이석, 김민정, "인공지능 융합교육을 위한 초중등학교 연계형 인공지능 교육 내용체계 개발," 「컴퓨터교육학회 논문지」 26(2023), 83.
73 전수진 외, 2023, 재구성
74 조봉근, "칼빈과 한국 장로교회의 학파별 해석학과 그 방법론에 관한 비교연구," 「조직신학연구」 22(2015), 36.
75 강지영, 『파이썬으로 시작하는 머신러닝+딥러닝』 (서울: 아이리포, 2022), 223; 홍승백, 『이토록 쉬운 머신러닝 & 딥러닝 입문』 (경기: 루비페이퍼, 2021), 11-18.
76 이동국, 이은상, 이봉규, 김성종, 강동우, 김두일, 이은주, 『인공지능 활용교육』 (서울: 테크빌, 2023), 42.
77 안영은, "에듀테크를 활용한 학습자 중심 맞춤형 교육의 효과 분석: 인공지능(AI) 기반 학습분석 활용을 중심으로," 「서울특별시교육청교육연구정보원」 (2021-81), 25.
78 이동국, 이은상, 이봉규, 김성종, 강동우, 김두일, 이은주, 『인공지능 활용교

육』(서울: 테크빌, 2023), 24-27.
79 이재호, 이승훈, "에듀테크 활용 초등 융합 교육 프로그램 개발 및 적용," 「창의정보문화연구」 9(2023), 164.
80 윤소희, "인공지능 교육의 효과에 대한 메타분석," 「교원교육」 39(2022), 43.
81 Jun Sub Im, Young Ju Ham "A study on theological students' perception of artificial intelligence and the Christian educational implication," Journal of Christian education in Korea 61(2020), 245-246.
82 양성진, "에듀테크 시대에서의 기독교교육: 연결과 공유, 개별 맞춤형, 체험과 실감을 중심으로," 「신학과 세계」 101(2021), 325-338.
83 남선우, "인공지능 시대의 기독교교육 방향성에 대한 고찰," 「기독교교육논총」 74(2023), 121-127.
84 권성연, 김혜정, 노혜란, 박선희, 박양주, 서희전, 양유정, 오상철, 오정숙, 윤현, 이동협, 정효정, 최미나, 『교육방법 및 교육공학』 (서울: 교육과학사, 2018), 260
85 함영주, "교회학교에서 프로젝트기반학습(PBL)을 활용한 성경교수 실행모형 연구," 「신학과 실천」 66(2019), 355-356.
86 함영주, "전통과 혁신을 활용한 미래형 교회교육방법의 방향성에 대한 연구," ACTS신학저널 48(2021), 184-186; 함영주, "게이미피케이션 기반 블록형 코딩을 활용한 기독교교육 콘텐츠 개발모형 연구," 「신학과 실천」 74(2021), 703-734.
87 박상진, "기독교교육생태계를 회복하는 대안적 교회교육," 「장신논단」 48(2016), 364-369.
88 함영주, "전통과 혁신을 활용한 미래형 교회교육방법의 방향성에 대한 연구," ACTS신학저널 48(2021), 192-194.
89 과학기술정보통신부, "사람이 중심이 되는 인공지능(AI) 윤리기준," 과학기술정보통신부 보도자료 (2020, 12, 22).
90 이완형, "인공지능 상용화에 따른 성경적 관점의 윤리 가이드라인에 관한 연구," 로고스경영연구 16(2018), 128.
91 아신대학교 교육혁신센터, "ACTS 교수학습 생성형 AI 활용 가이드라인," (2023), 1-5.
92 임준섭, 『포스트휴머니즘의 전략과 기독교의 대응』 (서울: CLC, 2022), 163-243.

93 로버트 W. 파즈미뇨, 『기독교교육의 기초』, 박경순 역, (서울: 디모데, 2002), 8.
94 류태호, 『챗GPT 활용 AI 교육 대전환』 (서울: 포르체, 2023), 17-23.
95 김상균, 『메타버스』 (경기: 플랜비디자인, 2020), 23.
96 함영주, "메타버스를 활용한 기독교교육 교수학습 모형 설계와 제언," 「신학과 실천」 81(2022), 610.
97 제러미 키신, 『코딩 좀 아는 사람』, 오현석 역, (경기: 월북, 2023), 13; 코인, 『코딩으로 지구정복』 (경기: 넥서스, 2019), 25.
98 함영주, "게이미피케이션 기반 블록형 코딩을 활용한 기독교교육 콘텐츠 개발모형 연구," 「신학과 실천」 74(2021), 712-713.
99 아이씨뱅큐, 『코딩교육을 위한 마이크로비트』 (경기: 제이펍, 2023, 3; 이시이 모루나, 에시키 노리히데, 『스마트하고 귀여운 마이크로비트』 (경기: 광문각, 2019), 14.
100 웨인 홈즈, 마야 비알릭, 찰스 페델, 『인공지능 시대의 미래교육』 (서울: 박영스토리, 2020), 33-39.
101 프랭크 파스콸레, 『AI 시대에 꼭 필요한 뉴 로봇 원칙』 (서울: 동아엠엔비, 2023), 11.

인공지능 시대 기독교인의 미래를 보다
AI의 파도를 분별하라

초판 발행 2024년 8월 26일
초판 인쇄 2024년 8월 30일

지 은 이 신국원 김희석 함영주 김수환
발　　 행 익투스

총무 박용규
기획 김귀분
편집책임 윤옥정　마케팅책임 김경환
경영지원 임정은　마케팅지원 박경헌 김혜인
유통 박찬영 김승온　제작 최보람　편집·홍보 안승찬

주소 서울시 강남구 영동대로 330
전화 (02)559-5655~6 팩스 (02)6940-9384
인터넷 서점 www.holyonebook.com
출판등록 제2005-000296호
ISBN 979-11-86783-58-0

ⓒ2024, 익투스
*잘못된 책은 바꾸어 드립니다.